W0041184

Lokalgrößen

Legendäre Kneipen, Restaurants
und Bars in München

Süddeutsche Zeitung Edition

Impressum
„Lokalgrößen – Legendäre Kneipen, Restaurants und Bars
in München"

© Süddeutsche Zeitung GmbH, München
für die Süddeutsche Zeitung Edition 2012
Reihe „Bayern entdecken"

Herausgeber: Thomas Anlauf
Projektleitung: Sabine Sternagel
Lektorat: Daniela Wilhelm-Bernstein
Grafik, Satz und Litho: Matthias Worsch
Karten: Hanna Eiden
Herstellung: Herbert Schiffers, Hermann Weixler
Druck und Bindearbeiten: CPI – Ebner & Spiegel, Ulm
Printed in Germany

Titelbild: Gaststätte Fraunhofer, München

ISBN: 978-3-86615-955-6
Die Informationen und Daten dieses Buches wurden mit äußerster
Sorgfalt recherchiert und überprüft. Dennoch kann keine Gewähr
für die Richtigkeit der Angaben übernommen werden.

Lokalgrößen

Legendäre Kneipen, Restaurants
und Bars in München

SüddeutscheZeitung Edition

INHALT

München

A96

A95

Vom Kaffeekränzchen
bis zum Partygänger –
im Tresznjewski ist
alles vertreten.

Die Poser
sind woanders

**Im Alten Ofen bleibt man gerne
länger sitzen, da ist das Familien-
gefühl inklusive**

Rauchen, Rausch und Comicporno: Bis vor
kurzem musste man Maxvorstädtern nicht
lange erklären, worauf sich diese Stich-
wörter beziehen. Gemeint war natürlich
die Kneipe Alter Ofen in der Zieblandstraße. Und anders, als man es in der eher ge-
schleckten Maxvorstadt erwarten würde,
ist der Alte Ofen eine angenehm gemütliche,
etwas altmodische Nachbarschaftsknei-
pe mit unkonventionellem Anstrich. Hier
bleibt man gerne mal ein bisschen länger
sitzen, auch unter der Woche. Und hier kann
man auch wunderbar Stammgast sein, ohne dass einem die immer selben Gesichter
irgendwann auf die Nerven gehen. Das liegt
nicht zuletzt daran, dass das Publikum so
bunt gemischt ist, vom Alter wie vom Aussehen her. Hier treffen Medienmenschen
auf Studenten, feiern BWLer mit Sozial-
pädagogen, speisen Künstler neben Spar-
kasslern. Eines haben aber alle gemeinsam:
Keine Lust auf durchgestyltes Szene-Chi-
Chi. Glattgegelte Guttenberg-Klone und
Wasserstoffblondies im Minikleidchen ver-

Berliner Flair in der Maxvorstadt – und natürlich gibt es im Alten Ofen auch einen alten Ofen.

irren sich hierher eher nicht. Und das ist auch gut so, finden die Menschen, die sich Abend für Abend hier in ihrem Ersatz-Wohnzimmer zusammenfinden, einfach nur so, ohne großartige Poserei.

Während es in München immer schwieriger wird, Lokale ohne ein von Innenarchitekten ausgearbeitetes Konzept zu finden, hat der Alte Ofen die späten 1970er in die Gegenwart gerettet. Hier wirkt alles zusammengewürfelt und doch passt irgendwie auch alles zusammen: Die ovalen Holztische mit Glanzfurnier, das alte durchgesessene Sofa aus Uromas Zeiten, dann noch die Designer-Lampen von Ingo Maurer – über der Sofa-Sitzecke besteht die Leuchte aus Campari-Flaschen.

Das Bild ist seit Jahren dasselbe, nur die Schmuddeltapete im Männerklo und der dichte Zigarettenqualm sind inzwischen Vergangenheit. Sonst habe sich nicht viel verändert seit 1978, sagt Wirtin Susanne Iglesias, die den Laden 1993 von ihrem Vater Joachim Moyzischewitz übernommen hat. Der hatte den Alten Ofen bereits 1973 eröffnet, damals war die Kneipe noch in der Schellingstraße 130, etwa 500 Meter vom heutigen Standort entfernt. Moyzischewitz, schon lange Rechtsanwalt mit eigener Kanzlei, stand damals im zweiten Staatsexamen, als er in der Schellingstraße eine heruntergekommene Wirtschaft entdeckte und zusammen mit Kommilitonen renovierte. Weil es keine Heizung gab, suchte der Jungwirt per Zeitungsinserat einen Ofen – es fand sich ein grünes, reichverziertes Jugendstilstück.

Der Alte Ofen wollte sich von bayerischen Wirtshäusern unterscheiden. Er sollte eine

Die Mischung macht's: Das Publikum ist wie die Einrichtung – angenehm vielfältig.

Kneipe nach Berliner Vorbild sein: Ausgeschenkt wurde Pils statt Hellem, zu essen gab es Buletten. Und das damals vorwiegend studentische Publikum ließ sich nicht lange bitten: Bald war das Lokal voll. Doch fünf Jahre später wurde das Haus an der Schellingstraße abgerissen, der Alte Ofen zog um in die Zieblandstraße. Dort steht der namensgebende Jugendstilofen noch heute als Dekoration.

Wann der Eisenofen zuletzt an war, weiß Wirtin Iglesias nicht mehr. Was sie weiß: Die Stammgäste lieben Veränderungen nicht besonders. „Die Sofaecke abzuschaffen, wäre

undenkbar", sagt sie. „Die wird oft extra re-
serviert." Und weil sich so viele Männer über
die seit der Renovierung fehlenden italienischen Porno-Comic-Tapeten in der Toilette
beschwert haben, verspricht sie, dass sie bald
„in anderer Form" wieder zu sehen sein werden. „Das hat mich schon gewundert, wie viele
Leute mich darauf ansprechen."

Wenn Susanne Iglesias von ihren Gästen
erzählt, spricht sie ein bisschen auch von
einer Art Familie. Die Wirtin wohnt seit
vielen Jahren direkt über der Kneipe („darauf
habe ich lange gewartet"). In andere Lokale

Für den kleinen Hunger: Wenn die Küche schließt, gibt es noch die berühmten Fleischpflanzerl.

kommt sie nur sehr selten – und das vor allem, um zu sehen, was andere so machen. „Eigentlich", sagt sie, „bin ich immer hier." So ist es auch kein Wunder, dass sie viele Gäste persönlich, die meisten zumindest vom Sehen her kennt. Wer in den Alten Ofen geht, tut das nicht zufällig. Dafür liegt er viel zu abgeschieden, mitten im Wohngebiet. Inzwischen liegt das Alter der Alter-Ofen-Klientel laut Iglesias „zwischen 20 und 50". Hier feiern schon mal Leute Hochzeit, die schon als Studenten im Ofen Zwischenprüfung und Examen begossen haben. Dass immer neue junge Gäste nachkommen, dafür sorgt schon das studentische Personal.

Die wissen vor allem das günstige Essen zu schätzen. Zu den Klassikern auf der Speisekarte gehören Schupfnudeln, Chili con Carne, Käsespätzle und – besonders beliebt – das Schnitzel Wiener Art. Auf der Dessertkarte steht, nicht weniger klassisch, Vanilleeis mit heißen Himbeeren oder Schokosoße. Warme Küche gibt es bis 22.30 Uhr, zum Abschluss verkaufen die Bedienungen die berühmten Fleischpflanzerl mit Senf und einer Scheibe Brot warm auf die Hand. Doch auch für späte Gäste hat Susanne Iglesias ein Herz. Nach Küchenschluss serviert sie noch eine Auswahl kalter Snacks, vom Leberwurstbrot mit Gewürzgurke bis hin zu Nachos und Schafskäse mit Oliven und Brot. „Keiner soll hier hungern müssen", sagt Iglesias.

Sie kann sich nichts anders vorstellen, als Wirtin zu sein. „Schon mit 16 bin ich hier in der Küche gestanden, für mich war das immer klar." Und weil sie schon so lange im Geschäft ist, sieht sie auch die Trends im Trinkverhalten. Der Bierkonsum geht zurück, dafür trinken die Leute wieder mehr Schnaps, derzeit ist wie zuletzt vor 20 Jahren wieder brauner Tequila mit Zimt und Orange angesagt. Und seit kurzem schenkt die Ofen-Crew auch den Modedrink „Hugo" aus. Wenn sich sonst schon nicht viel ändert: Ein Zugeständnis an den Geschmack der Zeit muss man machen. Auch im Alten Ofen. *Andreas Schubert*

 Angebot: Studentische Klassiker zu günstigen Preisen. Ab 22.30 Uhr Fleischpflanzerl mit Brot.

 Ambiente: Bayerische Version einer Berliner Eckkneipe mit lässigem Charme.

 Publikum: Nachbarn, Studenten und Münchner, die keine Lust auf steife Dresscodes haben.

Alter Ofen, Zieblandstraße 41: U-Bahnstation Theresienstraße, an der Technischen Universität entlang bis zur Zieblandstraße.

Atzinger, Schellingstraße 9: Liegt mitten im Univiertel an der Ecke zur Amalienstraße. Die nächste U-Bahnstation ist Haltestelle Universität. Von dort geht es die Schellingstraße hinauf.

Unter Denkern

Der Atzinger war schon immer eine Studentenkneipe – hier wird vor Prüfungen gelernt und danach natürlich gefeiert

Längst hätte man sich für das Referat zusammensetzen müssen, doch wie das damals eben so war: Man hatte immer Besseres zu tun. Dann blieben plötzlich nur noch drei Tage für die Vorbereitung, es galt höchste Referats-Alarmstufe. Man verabredete sich eilig: Um fünf, mit allen Büchern! „Und wo?", fragte der Kommilitone. „Ja, im Atzinger halt." In der Kneipe an der Ecke Schelling- und

Amalienstraße waren die Tische groß genug für die Bücher. Jahre später kommt man wieder her. Gleich beim Eingang sitzen zwei Studentinnen, auf dem Tisch offene Bücher – vermutlich höchste Referats-Alarmstufe. Der Atzinger war eine Studentenkneipe, und er ist es geblieben, auch nach der Renovierung. „Jeder dachte, wir machen aus dem Atzinger ein gesichtsloses Café", sagt Wirt Vassilios Galanopoulos. „Aber wir wollten unbedingt bei einer bayerischen Wirtschaft bleiben."

Das Haus ist ein Baudenkmal: 1853 wurde es erbaut, 1925 zog die erste Gaststätte ein. Generationen von Studenten verhalfen dem Atzinger – so hieß der erste Wirt – zum Erfolg. Hier vertrödelten sie die Zeit zwischen zwei Vorlesungen, hier wurde der Magen mit Schinkennudeln gefüllt. Als der Wirt starb, wurde das Inventar an Atzinger-Fans verkauft. An den nikotingeschwängerten Wänden machte sich ein Kirchenmaler zu schaffen, der die historisch richtigen Farben rekonstruierte. Nostalgiker trauern der verschwundenen Patina nach, die meisten Studenten aber kümmert derlei nicht. Neuerdings können sie sogar im Biergarten im Innenhof arbeiten. Frischluft fördert schließlich das Denken.

Christina Warta

 Angebot: Berühmt sind immer noch die Schinkennudeln. Reservierungen auch online möglich.

 Ambiente: Offener Charakter mit langen gediegenen Holztischen. Großer Barbereich.

 Publikum: Nach wie vor viele Studenten und Stammgäste, tendenziell jüngere Besucher.

Die Legende

Einst berühmte Künstlerkneipe, dann
feierten hier die Promis – Der Alte Simpl
lebt von seinen Geschichten

Sie waren schon verdammt arme Poeten.
Schließlich musste, wer zum erlauchten
Kreis gehören wollte, allabendlich bei Kathi Kobus erscheinen. Und die gewitzte Wirtin wusste die Dichter für ihre Sache zu nutzen. Joachim Ringelnatz etwa trug nicht
selten für ein oder zwei Glas seine Lyrik vor,
was ihm den Titel „Hausdichter" einbrachte.
Als die Kobus im Jahr 1903 die Räume des
Kaffeehauses Kronprinz Rudolf an der Türkenstraße übernahm, wollte sie nichts Ge-
ringeres als eine namhafte Künstlerkneipe
schaffen: den Simplicissimus. Der Name war
allerdings von der damals schon bekannten
satirischen Wochenzeitschrift belegt. Doch
Kobus soll den Chefs des Blattes eine ganze Nacht lang Champagner spendiert haben,
um den Namen und das Wappentier, die rote
Bulldogge, für ihr Etablissement nutzen zu
dürfen. So geht die Legende vom Alten Simpl.
  Das Attribut legendär passt wohl auf
keine andere Münchner Kneipe so sehr wie
auf den Simpl. Von Anfang an zog das urbaye-
rische Lokal in der Maxvorstadt Intellektuelle und schräge Vögel an. Ludwig Thoma,
Frank Wedekind, Olaf Gulbransson waren

Kathi Kobus eröffnete 1903 das Lokal an der Türkenstraße. Schon bald trafen sich hier Künstler und Intellektuelle.

erste Stammgäste, und junge hungrige Künstler unterhielten die Bohème: Karl Valentin, Joachim Ringelnatz, Theo Prosel. Das Münchner Maler-Modell Maria Kirndörfer war eine der Entdeckungen im Simpl, fortan machte sie als Diseuse Marietta di Monaco Karriere – und soll nebenbei den Begriff „Dada" geprägt haben: Als Marietta im Jahr 1914 ein gemeinsames Gedicht von Klabund und Hugo Ball rezitierte, fiel plötzlich das Wort, das eine ganze Kunstbewegung auslöste. Noch so eine Legende.

Heute zehrt der Alte Simpl von seinem hundertjährigen Ruhm und den Geschichten, die sich um die einstige Promikneipe ranken. Denn längst sind die Stars und Sternchen, die die spätere Simpl-Wirtin Toni Netzle jahrzehntelang in ihr Lokal lockte, weitergezogen. Seit 1995 führt Wassili Galanopulos das Lokal – und bei ihm gibt es keinen Promibonus mehr. Er setzt mit seinem Barchef Alexander Seidel auf ein gemischtes Publikum. BWL-Studenten besuchen die dunkle Kneipe genauso gern wie Professoren der Kunstakademie oder Musikwissenschaftler, die nach Konzerten noch im Simpl vorbeischauen. „Von dienstags bis samstags sind wir hier fast immer ausreser-

viert", sagt Seidel, den jeder in der Türkenstraße Axel nennt. Und fast alle sind Stammgäste, viele kommen täglich. „Dabei ist es immer
noch ein bisschen eine Bohèmien-Bar", sagt
Seidel, der seit fast vier Jahrzehnten im Gas-
trogeschäft ist.

Das liegt natürlich auch am Ambiente.
Auf den ersten Blick wirkt der Simpl schlicht
wie eine Münchner Boazn. Doch an den Wänden hängen Originale aus dem *Simplicissimus*,
Fotografien von großen Künstlern, die einst
hier ein- und ausgingen: ein Brief von Ringelnatz und sogar der Führerschein von Valentin.
Im Durchgang zur Bar thront als Skulptur die
Bulldogge des *Simplicissimus*. Der „alte Geist"
des Künstlertreffs
soll wieder aufleben.

Und die Legen-
den. So erzählt man
sich heute noch die
Geschichten, dass
Wirtin Toni Netz-
le einst ihren pro-
minenten Gästen
Schampus in Strö-
men ausgab. Oder
dass sie Gina Lollo-
brigida beim Simpl-
Fasching eine
Clownsnase ver-
passte, damit die
Diva nicht von neu-
gierigen Reportern

erkannt wurde. Und natürlich die Bardot, die 1968 im Alten Simpl eine Party feierte – die Polizei riegelte damals dafür die ganze Türkenstraße ab. Curd Jürgens freute sich einst königlich über ein schlichtes Schmalzbrot, und Elvis Presley, Duke Ellington und Oscar Peterson feierten hier rauschende Feste. Auch bei Politikern war das Lokal beliebt. Natürlich schaute schon mal der Schwabinger Christian Ude in der Maxvorstadt vorbei, auch Willy Brandt und Hans-Dietrich Genscher verkehrten hier. Nur einer hatte jahrzehntelang Hausverbot: Franz Josef Strauß. Er hatte, so heißt es, als Student Bier in den Simpl geschmuggelt.

Solche Geschichten passieren heute nicht mehr, auch wenn die Nacht schon fortgeschritten ist. Immerhin hat der Alte Simpl seit langem an Wochenenden bis vier Uhr früh offen, bis drei gibt's auch noch etwas zu essen. Peter Maffay kam schon mal nach einem Konzert in der Olympiahalle auf ein Fleischpflanzerl vorbei, wie sich Barkeeper Seidel erinnert, und Nina Ruge, die mal in der Nähe gewohnt hat. Aber als Promilokal sieht Seidel den Simpl nicht mehr. Er selbst ist vielleicht sogar die bekannteste Persönlichkeit im Lokal. Der Münchner, der seit bald zwei Jahrzehnten im Simpl hinterm Tresen steht, war früher Geschäftsführer

Das Wappentier: Die rote Bulldogge gehört zum Alten Simpl wie zur Namensgeberin, der Satirezeitschrift *Simplicissimus*.

Geschichtsbewusst: Im Alten Simpl erinnert nicht nur die Bulldogge an alte Zeiten, auch viele historische Bilder.

in der Oase und hat auch jahrelang im Babalu ausgeschenkt. Als der Alte Simpl im Jahr 2003 sein Hundertjähriges feierte, gab Seidel sogar russischen Kamerateams Interviews. Und manchmal, wenn wieder mal Touristen vorbeischauen, um das legendäre Künstlerlokal zu besichtigen, bleiben die schon mal vor dem Hünen stehen und fragen ehrfürchtig: Sind Sie denn der alte Simpl? *Thomas Anlauf*

 Angebot: Curd Jürgens freute sich über Schmalzbrot. Die Karte ist auch heute noch angenehm übersichtlich.

 Ambiente: Nostalgie pur, Karikaturen des *Simplicissimus* und vergilbte Fotos aus der guten alten Zeit.

Publikum: Ein zerzauster Robert de Niro flog mal beinahe raus, ansonsten darf hier fast jeder rein.

Alter Simpl, Türkenstraße 57: Eine der außergewöhnlichsten Straßen in der Maxvorstadt, die sich ständig neu erfindet. U-Bahnhaltestelle Universität, dann die Schellingstraße hinauf bis zur Türkenstraße.

Türkenhof, Türkenstraße 78: Der Türkenhof liegt schräg gegenüber vom Alten Simpl, nur ein paar Meter weiter.

Blaubarts Vermächtnis

Einst war der Türkenhof ein zwielichtiger Laden, dann eine Künstlerkneipe – heute gehört er einfach zum bunten Inventar der Maxvorstadt

Die Gäste seien gemischt, von jung bis alt, heißt es gerne über Kneipen. Auch dem Türkenhof wird derlei nachgesagt, bei ihm stimmt es aber. Bis auf Vampire, die eine von der Decke hängende Knoblauchzehe abhalten soll, kommen alle, Künstler und Rechtsanwälte, Professoren und Studenten, Leute von gegenüber, die Quartalssäufer.

Um die Jahrhundertwende kamen die Kutscher, als im Hinterhof der Wirtschaft namens „Zum englischen Stall" Pferdeställe und Werkstätten untergebracht waren. In den 1980er Jahren war die Kneipe mit dem für derlei Gesinnung so unpassenden Namen Treffpunkt rechter Studentengruppen. Nach einer Prügelei machte die Augustiner Brauerei den Laden dicht und suchte einen neuen Wirt.

Seitdem führt Mark Altner das Lokal, aus dem eine Künstlerkneipe wurde. Symbol dafür ist das Türkenhof-Schild: ein Fez tragender Kopf, den von Ohr zu Ohr ein Pinsel durchbohrt. Gemalt hat ihn damals ein Meisterschüler des legendären Professor Blaubart, Robin Page, der tatsächlich einen blau gefärbten Bart hatte und mit Studenten regelmäßig auf ein paar Bier vorbeikam.

„Man sagt ja nicht von sich selbst, dass man eine Künstlerkneipe ist, das ist ja albern", sagt Altner, „aber damals waren viele da. Heute ist das nicht mehr so." Man müsse sich immer wieder mal neu erfinden. Jetzt sei der Türkenhof ein „verlängertes Wohnzimmer", es kommen Studenten, wegen der großzügigen Schnitzelportionen und der Currywurst. Die Kickerspieler wegen der Kickertische. Und die Älteren aus Tradition.

Sabrina Ebitsch

 Angebot: Weißwurst bis nachts um elf, aber genauso Spinat-Maronen oder Kürbis-Chili-Suppe.

 Ambiente: Vorne ehrlicher Kneipencharme, hinten sind sich Lounge- und Kickeratmosphäre uneins.

 Publikum: Studentisch-durchschnittlich bis schräg, aber angenehm unprätentiös.

Der unpeinlichste Ort der Stadt

Für die Jüngeren irgendwie schon immer da, für viele Wohnzimmerersatz – das Baader Café

Die große Sause war natürlich ein Familienfest. Sie haben sich auf der Straße getroffen und mit den Nachbarn angestoßen. Befreundete DJs und Musiker wie die Jazz-Sängerin Tricia Leonard, die praktischerweise nur ein paar Hausnummern weiter wohnt, sorgten für den passenden Sound – und das Wetter spielte freundlicherweise auch mit. Im Sommer 2010 hat das Baader Café seinen 25. Geburtstag gefeiert, das Motto: „25 Hot". Und alle waren sie gekommen: Die, denen man an den grauen Haaren ansieht, dass sie zu den Gästen der ersten Stunde gehören, und die Jungen, für die das Baader irgendwie schon immer da war.

Ein Vierteljahrhundert ist für einen Szenetreff – ja, so wird das Baader noch immer gerne tituliert – eine Ewigkeit. Doch ewig währt am längsten, und dass es in der Baaderstraße 47 immer noch so gut wie jeden Abend eng wird, während im engeren Umkreis Kneipen

Aus einer anderen Zeit: Im Baader Café gibt es noch selbst gemixte Musikkassetten.

kommen und gehen, ist nicht wirklich leicht
zu erklären. An der 0,4-Liter-Preißnhalben,
in der das Bier dort daherkommt, kann es
schon mal nicht liegen; auch nicht an der Speisekarte, die zwar mit durchaus guten Standards viele Geschmäcker bedient, aber kaum
als spektakulär gelten darf. Wahrscheinlich
liegt es daran, dass das Baader schon immer
ein Wohnzimmerersatz war, dessen Publikum aus Studenten und Kreativen zur Legen-
denbildung beigetragen und den der Schriftsteller Thomas Meinecke einmal sehr treffend
als „unpeinlichsten Ort" bezeichnet hat. Das
Ambiente mit den großen Schaufenstern, den
Schulstühlen und der Weltkarte an der gelb-
en Wand war für damalige Verhältnisse puris-
tisch und somit modern und lockte die Schaf-
fenden der Subkultur. Die trafen sich bis in
den Nachmittag zum Frühstück und blieben
praktischerweise gleich zum Abendbier da.
Alternativen gab es im Gründungsjahr 1985
außer dem Café Größenwahn in Haidhausen
und dem Café Freiheit in Neuhausen ohnehin
kaum.

Viele kommen noch immer. Inzwischen umfasst das Stammpublikum mehrere Generationen; einen kompletten Generationswechsel, wie er anderswo regelmäßig stattfindet, hat es im Baader aber nie gegeben. „Ein Teil des Publikums ist mit uns älter geworden", sagt Wirtin Mary McLaughlin, die das Lokal zusammen mit ihrem Mann Peter Nimmrichter sowie mit Klaus Bauer und Meike Will betreibt. Mary steht immer noch gerne hinterm Tresen. Wie lange sie das noch machen will, lässt sie offen. Auf die Frage, ob das Baader in einer Gegend überleben kann, in der mit den inzwischen fast unbezahlbaren Wohnungspreisen auch das Ruhebedürfnis der Anwohner steigt, meint Mary nur: „Wir haben uns natürlich Gedanken gemacht, aber wir werden sehen." Bis jetzt ist fast alles beim Alten geblieben. Anders als zum Beispiel die Klenzestraße habe sich die Baaderstraße seit damals nicht zu stark verändert, sagt Mary. „Sie hat sich gut gehalten." Und auch das Café selbst habe sich im Laufe der Jahre nur moderat weiterentwickelt, beispielsweise sei die Speise- und Frühstückskarte peu à peu umfangreicher geworden.

Was früher modern war, sind heute Klassiker: Schulstühle (links), Buttons (rechts).

Die auffälligste Veränderung ist nun auch schon ein Weilchen her. Seit Frühjahr 2003, Bushs Truppen waren gerade in den Irak einmarschiert, ziert ein schwarzer Vogel die Weltkarte an der Wand – ein Werk des Künstlers Andreas Hofer. Und natürlich ist die Luft anders geworden. Heute geht man zum Rauchen vor die Tür und nicht, wie früher umgekehrt, um zwischendurch mal ein bisschen Sauerstoff zu tanken.

Das Baader spürt die Konkurrenz im Viertel. Voll heißt jetzt, dass man zwar keinen Sitzplatz bekommt – aber immerhin jederzeit bequem stehen kann. Und wenn um Mitternacht viele Gäste in die Clubs weiterziehen, lüftet sich das Ambiente sichtlich, der freie Blick auf die Einrichtung zeigt dann, dass das Baader irgendwie aus der Zeit

Stilprägend: Das Baader Café hat sich in den vergangenen Jahrzehnten nur behutsam verändert.

Ausdauernd: Wirtin Mary McLaughlin steht nach wie vor gerne hinterm Tresen des etwas anderen Szenetreffs in der Isarvorstadt.

fällt. Hinterm Tresen stehen zwei Dutzend Pokale vom Baader- oder Größenwahn-Cup – weit zurückliegenden Fußballturnieren der Kneipenmannschaften. Neben der Stereoanlage stapeln sich Mix-Tapes, von denen einige älter sind als so mancher Stammgast.

Doch selbst wer ein paar Jahre nicht mehr hier war, weil er andere Orte spannender fand, stellt nach ein paar Bier fest, dass es sich in altvertrauter Umgebung immer noch gut feiern lässt. Die Leute kennen sich eben. Wahrscheinlich auch in den nächsten 25 Jahren.

Andreas Schubert

 Angebot: Solide Küche mit Klassikern von Chili bis Toast. Wechselnde Tageskarte, Cocktails.

 Ambiente: Puristischer Chic im Stil der Achtziger, Kunst an der Wand, abends DJ.

 Publikum: Künstler, Medienmenschen, Studenten, Alt-Alternative von circa 20 bis 60 Jahren.

Baader Café, Baaderstraße 47: Zu Fuß oder mit dem Fahrrad, vom Viktualienmarkt aus über den Gärtnerplatz und die Corneliusstraße. Oder U-Bahnstation Fraunhoferstraße, dann Richtung Isar.

Geyerwally, Geyerstraße 17: Mit dem 132er Bus oder dem 58er zum Baldeplatz , von dort die Kapuzinerstraße zur Geyerstraße.

Pin-up und Plunder

Die Geyerwally gibt es seit einem halben Jahrhundert – nun hat auch das Szenevolk die ehemalige Arbeiterkneipe für sich entdeckt

Nicht nur der Tresen stammt aus der Zeit, als das Glockenbachviertel noch ein Arbeiterquartier war. Auch das Filmplakat der Namensgeberin, das hier hängt, wurde in den fünfziger Jahren gedruckt: 1956 spielte Barbara Rütting die Geierwally: feurig, widerspenstig und kraftvoll. Ähnliche Eigenschaften besitzt das fast gleichnamige Lokal, das 1957 als typische Arbeiterkneipe eröffnete. Seinen Wurzeln blieb es bis heute treu: Bereits am Nachmittag kommen Gäste auf ein erstes Feierabendbier vorbei.

Zwei Dinge haben sich mit den Jahrzehnten geändert: Erstens ist die Geyerwally kein Raucherlokal mehr. Und: Das Feiervolk hat seine Fühler von „Downtown Glockenbach" aus nach der Geyerwally ausgestreckt und schwärmt vor allem am Wochenende massenhaft in die kleine Kneipe. Trotz des neuen Publikums ist die Geyerwally jedoch kein Szenelokal, das auf alt getrimmt ein junges Publikum anzieht. „Unter der Woche haben die Stammgäste die Geyerwally meist ganz für sich", sagt Christa Strixner. Gemeinsam mit ihrem Mann Rainer hat die Wirtin das Lokal mit allerlei Nostalgischem wie alten Blechschildern und Pin-up-Bildern, aber auch viel Kuriosem ausstaffiert.

Jeweils im Juli feiert die Geyerwally mit einem Straßenfest ihr Jubiläum. Zwar gibt es seit langem eine Abrissgenehmigung für das Haus, aber richtig verrückt macht sich deswegen hier keiner mehr. Die vielen Jahresringe haben die Geyerwally robust gemacht.

Annette Wild

 Angebot: Bier gibt es hier eigentlich nur aus der Flasche, legendär ist die Speckplatte.

 Ambiente: Ein bisschen Trödelladen, ein wenig Jahrmarktbude, etwas Wohnzimmerflair.

 Publikum: Unter der Woche sind die mitgealterten Stammgäste tatsächlich noch unter sich.

Nehmen es sportlich:
Isabella Kolarik und
Tina Niedermaier (re.)
haben ein Herz für
Billardspieler.

Mit Brecht und Frisch auf Augenhöhe

Im Baal sitzen die Gäste inmitten einer Büchersammlung

Der große Wandel im Eckhaus an der Kreitt-mayr- und Erzgießereistraße liegt lange zu-rück: Als Daniel Roth 1980 die Bennoburg übernahm, die damals noch im Besitz von Löwenbräu war, schuf er aus einer düsteren Boazn mit schafkopfenden Stammgäs-ten ein Lokal nach seinen Vorstellungen. Er taufte es Baal, nach dem Theaterstück von Brecht, und gab ihm den Beinamen Oste-ria, weil er statt bayerischer Standardküche nach dem Vorbild italienischer Gasthäuser frisch zubereitete Nudelgerichte auftischte.

Das war zwar auch in den 80er Jahren nicht mehr neu, anders jedoch war die At-mosphäre: Der Literaturfan Roth verfrach-tete seine Bücher in die Gaststube, im Saal daneben stellte er einen Billard-Tisch auf. So schuf er im Baal eine eigenwillige Kom-bination aus Literaturcafé, Billardkneipe und Pub, die auch nach mehr als 30 Jahren noch von den Gästen aus der Nachbarschaft geschätzt wird. Die Schankstube mit der großen Eckbar und der braun gestrichenen

Decke wirkt, als hätte man ein britisches Inn mit einem Antiquariat gekreuzt. Die Wände hinter den Tischen säumen Regale mit Hunderten Büchern, die der Stube eine gemütliche Wohnzimmeratmosphäre verleihen, auch wenn man nicht gewillt ist, sich durch Unmengen unsortierter Titel zu stöbern. Bringt der Gast Zeit mit, kann er zwischen einem alten Diercke-Atlas, Konsalik, Edgar Wallace oder Jerry Cotton-Heften auch Homer, Max Frisch oder E.T.A. Hoffmann finden. Stammgäste platzieren ihr Buch so, dass sie es beim nächsten Besuch wiederfinden oder leihen es einfach aus.

An den wenigen kahlen Wänden hängen Bilder einer Suppe löffelnden Therese Giehse, über der Tür zu den Toiletten weist eine goldgerahmte Collage mit Bildern von Liz Taylor und Richard Burton darauf hin, dass die stillen Örtchen dahinter für „Göttinnen und Götter" bestimmt sind.

Dass die Schrulligkeit der Kneipe über all die Jahre erhalten geblieben ist, liegt daran, dass das Baal auch nach Roths Rückzug als Wirt sozusagen in der Familie geblieben ist. Seine Nachfolger Georg Ostertag, Isabella Kolarik und Tina Niedermaier arbeiteten bereits seit Jahren im Baal, bevor sie das Lokal am 1. Januar 1998 übernahmen. Der Geschäftsführer und die Theken- und Servicekräfte wollten ihre Kneipe nicht in fremde Hände geben. „Wir hatten Panik, dass das irgendeiner übernimmt und den ganzen alten Plun-

Geistreich: Unter den Blicken von Homer lässt sich trefflich diskutieren.

HOMER

David Bowie
in Bertolt Brecht's BAAL

der rauswirft", sagt Tina Niedermaier. „Wir wussten: Wenn man das verändert, ist hier Feierabend." Schließlich sei die Gegend zwischen Nymphenburger und Dachauer Straße nicht gerade ein Ausgeh- oder Einkaufsviertel. „Hier kommt keiner einfach mal so vorbei", sagt sie. Ihr Publikum, da ist sie sich sicher, hat

sie der „Persönlichkeit" ihres Lokals zu verdanken, die sie und ihre Mitbetreiber stolz auf der Speisekarte erwähnen.

Der Entscheidung gegen den Wandel geben die Stammkunden recht, von denen viele dem Baal treu geblieben sind. „Manche haben noch nach zehn Jahren nicht gewusst, dass der Besitzer gewechselt hat", erzählt die blonde Gastronomin. Zwar gab es in der Zwischenzeit zahlreiche Renovierungen und Umbauten, zuletzt wurde der Boden im Saal mit dem Billardtisch erneuert. Aber der Charakter des Baal,

Romantische Bibliothek: Ins Baal gehen die Münchner nicht nur wegen der vielen Bücher. Die gemütliche Osteria bietet auch kulinarisch einiges.

darauf legt Niedermaier Wert, ist erhalten geblieben. Auch, was die einfache mediterrane Küche betrifft, die Mitte der 90er Jahre um spanische Tapas erweitert wurde. Die Sizilianer Pippo Manganaro und Salvatore Gumina und der Iraker Khaled Suleiman bereiten Pastagerichte, warme und kalte Tapas sowie Salate zu, die auf einer täglich wechselnden Karte angeboten werden. Standards wie Chili con Carne und Tomatensuppe gibt es bis nach Mitternacht. Aus den neun Zapfhähnen am Tresen sprudeln verschiedene Ayinger-Biere, aber auch Pilsner Urquell und Guinness vom Fass. Zudem gibt es eine große Auswahl italienischer, spanischer und deutscher Weine, offen oder in der Flasche.

So gemischt wie die Getränkeauswahl ist das Publikum. Mittags kommen viele, die in der Gegend arbeiten, auf einen schnellen Teller Nudeln vorbei. Am Nachmittag trifft man neben Müttern mit Kinderwagen auch einsame Gäste, die sich bei einem Cappuccino in eines der Bücher aus den Regalen vertiefen, abends sitzen Familien neben diskutierenden Studenten und Arbeitskollegen, die sich in den

Mahnende Münchnerin: Therese Giese mit erhobenem Zeigefinger.

Feierabend ratschen, nebenan treffen sich alte Freundeskreise auf eine Runde Billard und ein paar Halbe. Besonders voll wird das Baal immer am Mittwoch- und am Freitagabend. Oder wenn zwischen Oktober und März zweimal im Monat diverse Jazz- oder Bluesbands auftreten, wofür Niedermaier und ihre Kollegen den Billardtisch zur Seite rücken. Die Wirtin empfiehlt an diesen Tagen eine Reservierung.

Die Persönlichkeit des Baal hat übrigens auch ein Filmteam überzeugt, das die Räumlichkeiten in den 90er Jahren für Szenen eines „Tatort" nutzte. „Witzigerweise hat der nicht in München, sondern in Düsseldorf gespielt", erinnert sich Niedermaier. Auch wenn das Haus gerade einen neuen Anstrich erhalten hat, soll sich an seinem Innenleben nichts ändern, verspricht sie. Und verweist dann doch auf einen äußeren Vorzug: Der Blick auf Sankt Benno von den Tischen vor der Ostseite sei vor allem bei Sonnenuntergang ein Erlebnis.

Konstantin Kaip

 Angebot: Tapas und Pasta von der Tageskarte, sonntags ist Pastatag.

 Ambiente: Schummrige Gemütlichkeit vor Bücherregalen unter dunkel gestrichener Decke.

 Publikum: Jeder, der es ein bisschen alternativ mag, G'schleckte trifft man nicht.

Baal, Kreittmayrstraße 26: Trambahnlinien 20, 21 bis zur Sandstraße, dann die Kreittmayrstraße bis zur Erzgießereistraße.

Zum Jennerwein, Belgradstraße 27: Die Trambahnlinie 12 hält direkt an der Ecke Belgrad- und Clemensstraße. Oder U-Bahnstation Bonner Platz, die Viktoria- bis zur Clemensstraße, dort rechts bis zur Belgradstraße.

In der Höhle des Wilderers

Seit einem halben Jahrhundert ist das Jennerwein in Schwabing ein „Ort subtiler Exzesse"

Es hängt seit 20 Jahren da, dieses schwarz-weiße Plakat einer Band aus Ostdeutschland. Es zeigt einen nackten Mann in seiner ganzen Pracht. Los Banditos heißt die Band und das Album „Rebell der Liebe". Tatsächlich ist das Jennerwein in Schwabing so eine Art letztes Refugium für die freie Liebe – allerdings nicht die, die auf dem Plakat angedeutet ist, sondern der

Liebe zum Bier und zum gepflegten Gespräch an der Theke.

Das Jennerwein ist vor allem eins: unaufgeregt. Genauso wie Bernhard Steinweg, der Wirt. Seine kleine Kneipe ist oft bumsvoll. An der Wand prangen psychedelische Tapetenmonster und das gerahmte Abziehbild eines Berges, an der Decke hängt eine Hirschgeweih-Lampe. Seltsam überhöhter Alpenkitsch könnte das sein oder einfach in die Jahre gekommenes Interieur, das wieder hip ist. Das Jennerwein ist eine kongeniale Mischung aus Szene- und Eckkneipe. Es verfügt über keinen speziellen Stil. Ist aber nicht stillos.

Das Jennerwein existiert seit 1961. Mindestens. Und bis heute gibt es keine Regel, wann was los ist. Doch immer treffen hier Generationen aufeinander. Wo unterhält sich schon ein 68er-Veteran mit 22-jährigen Mädchen? Und umgekehrt. Das Jennerwein ist ein eigentümliches Biotop, ein Ort, an dem der Förster aus dem Silberwald problemlos Rockabilly-Bräuten mehr als Gute Nacht sagen kann. Obwohl die Kneipe eigentlich nur bis 1 Uhr geöffnet ist, kann es auch schon mal bis 4 Uhr gehen: „Dann steht hier meistens sowieso keiner mehr", sagt der Wirt.

Lars Lagenau

 Angebot: Harte Mettwürstchen, manchmal was zum Knabbern. Bier vom Fass, jede Menge Schäpse.

 Ambiente: *„Das Mobiliar darf nicht zusammenbrechen, ist aber ohne jede Designaussage"*, meint der Wirt.

 Publikum: Von Jung bis Alt, vom Alt-68er über den Nachbarn bis zum Partygänger, der hier vorglüht.

„Ça va" könnte man auf bayerisch mit „passt scho" übersetzen. Diese Lässigkeit schätzen die Gäste auch an Brigitte Jaschkowitz' Kneipe.

Die Lebens-abschnittskneipe

Das Ca Va ist im besten Sinne nichts Besonderes: Es ist einfach seit Jahrzehnten der Treffpunkt im Westend

Das waren Zeiten. Damals, als der noch unbekannte Schauspieler regelmäßig betrunken vom Hocker gekippt ist, als der eigentümliche Fritz immer im Frack für ein paar Gläser Wein die Aschenbecher leerte und überhaupt der Aufsichtsratsvorsitzende von heute noch der Student von damals war. Für viele war das Ca Va im Westend gewissermaßen eine Lebensabschnittskneipe mit Wohnzimmercharakter, in die man am Wochenende zum Frühstücken hingeht, sein Feierabendbier trinkt oder zu später Stunde noch hereinstolperte, obwohl der direkte Weg nach Hause ratsamer gewesen wäre.

„Bei uns, da waren schon viele herin", seufzt Brigitte Jaschkowitz. Sie ist die Inhaberin des Ca Va. Mittlerweile kann sie auf fast drei Jahrzehnte Lokalgeschichte zurückblicken. Als sie 1985 zusammen mit ihrem Mann Billy die Kneipe an der Kazmairstraße 44 eröffnete, waren sie zusam-

men mit dem Stoa gastronomische Pionie-
re auf der Schwanthalerhöhe, die damals in
dieser Hinsicht ein Brachland war. Das Paar
hatte schon einige Erfahrung gesammelt. Als
sie die großen, hellen Räume gegenüber dem
Georg-Freundorfer-Platz angeboten beka-
men, griffen sie zu: Der Laden hatte ersichtlich das Potential, eine gastronomische Oase
zu werden – und das zu
einer Zeit, als die Wirte
Münchens nicht klagen
konnten und man sich
schon sehr ungeschickt
anstellen musste, wenn
man als Wirt nichts
wurde.

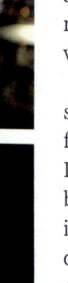

Das Ca Va, eine Mi-
schung aus Wiener Kaf-
feehaus und American
Diner, wurde bald ein
beliebter Treffpunkt
im Westend. Auch über
das Viertel hinaus war
das Lokal ein Begriff.
Denn das Ca Va war im
besten Sinne nichts Be-
sonderes. Ein großer
Raum mit dunklem,
schnörkeligem Holzmo-
biliar, alten Werbeschil-
dern und nostalgischem
Tand an den Wänden.
Ein Ort, wo man in Ru-

Grüße von den Gästen: Bilderrahmen mit Fotoschnipseln und Notizen. Hier gibt es noch die Liebe zum Detail.

he essen und trinken konnte und wo die Wörter „Lounge", „Style" und „Design" nichts mit einem gelungenen Abend zu tun hatten.

Das Ca Va hat sich in all den Jahren weder optisch noch sonst irgendwie verändert: Solide, deftige Küche, nette Studenten als Bedienung, Happy Hour mit billigen Cocktails und drei Leinwände für den Fußball. Aber nicht nur der Sport, auch die Kunst war im Ca Va stets präsent. Denn viele Schauspieler und Schauspielschüler sind und waren Stammgast oder Kellner im Ca Va – zumindest so lange, bis sie Erfolg hatten. Uwe Ochsenknecht beispielsweise habe vor seinem Durchbruch mit dem Film „Männer" oft an der Bar gesessen, erzählt Jaschkowitz. Noch heute sei sie im Besitz seines Backgammonbretts, das er

einst gegen ein Tiroler Gröstl ein-
getauscht habe. Auch Heiner Lau-
terbach und die beiden Münchner
Tatort-Kommissare Wachtveitl
und Nemec haben öfter vorbeige-
schaut.

Bei diesen Verbindungen ins
Filmbusiness ist das Ca Va natürlich auch schon mehrfach Drehort
gewesen. Brigitte Jaschkowitz
kann sich immer noch aufre-
gen, wenn sie an den Tag denkt,
an dem die Regisseurin Caroline
Link mit ihrem Team den Laden
komplett auf den Kopf gestellt
habe. Die Damen gerieten damals wohl heftig aneinander. Gesehen hat die Wirtin den Film „Im
Winter ein Jahr" nicht. „Das interessiert mich
nicht", sagt Jaschkowitz, der man erkennbar
besser nicht auf der Nase herumtanzen sollte.

Die Mutter von drei Söhnen ist durchset-
zungsstark – eine Eigenschaft, die ihr besonders zur Wiesnzeit im Ca Va von Nutzen war.
In den zwei Oktoberfest-Wochen herrschte in
dem Lokal früher der Ausnahmezustand. Ein
gutes Geschäft zwar, aber Sodom und Gomor-
rha, wie Jaschkowitz anschaulich zu schil-
dern weiß. Aber seit auf der Wiesn Sicherheit
groß geschrieben wird, ist das auch vorbei.
„Ins Lokal hat schon lange keiner mehr ge-
kotzt", lacht die Wirtin, die dieser Zeit nicht
nachtrauert. Das Ca Va läuft immer noch, und

Über dem Lokal steht zwar Ludwigsvorstadt, aber es liegt mitten im Westend. Von dort kommen auch viele der Gäste.

das Leben geht weiter, obwohl es manchmal stehen zu bleiben scheint, zumindest wenn man an einem der dunklen Holztische sitzt.

Elisa Holz

 Angebot: Solide Küche von italienisch bis asiatisch. Preiswertes Frühstück.

 Ambiente: Gemütlich schummrig mit Wiener Kaffee-hausmobiliar. Patina der 1980er Jahre.

Publikum: Im Schnitt um die dreißig Jahre alt, Studenten, Künstler und langjährige Stammgäste.

Café Ca Va, Kazmairstraße 44: U-Bahnstation Schwanthalerhöhe. Von dort die Ganghoferstraße entlang, vorbei am Georg-Freundorfer-Platz bis zur Ecke Kazmairstraße.

Sappralott, Donnersbergerstraße 37: S-Bahnstation Donnersberger Brücke, über den Ring und die Arnulfstraße zur Donnersbergerstraße.

Die Bierhalle am Boulevard

Das Sappralott war einst inmitten der Vergnügungsmeile von Neuhausen, jetzt geht es an der Donnersbergerstraße gemütlicher zu – außer bei Fußballspielen

Die Donnersbergerstraße war Anfang des 20. Jahrhunderts eine quirlige Vergnügungsmeile, bekannt als „Reeperbahn Münchens": 17 Kneipen säumten damals den heute eher gemächlichen Boulevard mit den breiten Bürgersteigen. Im Haus Nummer 37 wird seit 1905 Augustiner Bier ausgeschenkt. Das Lokal, das über 80 Jahre lang als „Hirschpark" bekannt war, heißt seit 1986 Sappralott. Bierfahrer Rudi Heimgartner ist einer der wenigen Stammgäste, die sich daran noch erinnern: „Eine rechte Spelunke" sei das Wirtshaus mal gewesen.

Seit der Sanierung 2010 zeigt sich das Sappralott in neuem Glanz, mit Stuckdecke und dunkler Holzvertäfelung. Die Gäste, die hier mittags günstige Gerichte bestellen oder abends auf ein paar Bier und ein Riesenschnitzel vorbeikommen, schätzen die großen Portionen und den schnellen Service. Pächter Fritz Kustatscher, der das Sappralott seit 2002 führt, gehört zu einer Wirtsfamilie mit Tradition in Neuhausen: Für seinen Onkel Hans Stadtmüller, Betreiber des Jagdschlössl und Festwirt der Fischer-Vroni, führt er auch das Geschäft auf der Wiesn.

Brechend voll wird das Sappralott bei wichtigen Fußballspielen, die auf einer Großleinwand und Flachbildschirmen gezeigt werden. Wenn dann die Fans in der Halbzeitpause bei einer Zigarette vor der Kneipe lebhaft über ihre Mannschaft diskutieren, lässt sich ermessen, wie es einmal überall auf der Straße zugegangen sein muss. *Konstantin Kaip*

 Angebot: Riesenschnitzel oder Burger, dazu Augustiner-Bier, montagabends vom Holzfassl.

 Ambiente: Neue, hohe Stuckdecke, dunkles Holz – für viele ein zweites Wohnzimmer.

 Publikum: Neuhauser Vielfalt: Arbeiter im Blaumann, Anzugträger mit Laptop, Familien und Fußballfans.

Heiß und fettig

Das Café Frischhut am Viktualienmarkt, alias „Schmalznudel", brachte früher müde Partygänger auf die Beine

Café Frischhut? Kennt kein Mensch. Beim Stichwort „Schmalznudel" aber dämmert es den Münchnern. Denn das Lokal, das jeder nur unter dem Namen des heißen, fettigen Hefegebäcks kennt, lebt von seiner eigenen Geschichte. Damals, es waren die späten Siebziger und Achtziger des längst vergangenen Jahrhunderts, holte das Frischhut jedes Wochenende übernächtigte Partygänger frühmorgens wieder zurück ins Leben. Wenn um vier Uhr die Discos der Stadt zusperrten, wanderten die Übriggebliebenen hinüber Richtung Viktualienmarkt und warteten geduldig, bis sich um fünf die schwere Holztür öffnete.

Der Duft nach frischen Schmalznudeln und dampfendem Kaffee schlägt dem Besucher des Café Frischhut an der Prälat-Zistl-Straße auch heute noch entgegen – wenngleich nicht mehr ganz so früh. Seit ein paar Jahren sperren Manfred Frischhut oder sein Sohn Andreas die „Schmalznudel" erst um sieben auf. „Um fünf Uhr morgens aufzusperren war eigentlich eine heilige Kuh", sagt Andreas Frischhut. Doch das Prinzip „Frühcafé" machte immer weniger

Vertrauter Anblick: Der Eingang zum Café Frischhut wirkt uralt. Dahinter verbirgt sich ein moderner Betrieb.

Sinn. Schon länger haben die Händler am Viktualienmarkt ihre Öffnungszeiten nach hinten verlegt, sie waren es, die früher nach dem Aufbau ihrer Stände ins Frischhut schauten und sich mit Kaffee und Schmalznudeln stärkten. „Es hat sich einiges getan hier", sagt Andreas Frischhut. Nicht nur, dass die Fieranten später kommen, auch diejenigen, die einst in der Nähe die Nacht durchmachten, sind heute im Osten in der Kultfabrik zu finden.

Richtig traurig sind die Frischhuts, die das Café seit 1973 führen, nicht über die Entwick-

lung. „Um fünf Uhr früh muss man schon eine andere Toleranz walten lassen", sagt Frischhut junior, der seit mehr als 20 Jahren mit Vater Manfred das Geschäft führt und schon mit 15 hier ausgeholfen hat. Er hat die härtesten Zeiten noch miterlebt, als späte Zecher nach einer Stabilisations-Schmalznudel selig auf den Holzbänken einschlummerten oder in einer anarchischen Anwandlung Kerben in die schweren Tische schnitzten.

Die vertrauten Bänke und Tische gibt es heute noch, die Welt scheint in der „Schmalznudel" stehen geblieben zu sein – auch wenn das Café einem stetigen Wandel unterworfen ist. Allein das Haus: 1980 wurde das alte Gebäude – laut Frischhut eines der ältesten Münchens – abgerissen. Das neue Haus fügt sich dennoch gut ins historische Straßenbild, mit seiner hölzernen Front, dem altdeutschen Schriftzug und dem mittelalterlich anmutenden schmiedeeisernen Wirtshausschild. Gleich am Eingang befindet sich das heiße Herz des Cafés: Hier zieht der Konditor nach Art des „Open Cooking" die Hefeteiglinge, die je nach regionaler Herkunft Schmalznudeln, Auszogne

Traditionsbewusst: schmiedeeisernes Schild über dem Eingang.

oder Kniekiachla heißen und im Mittelalter Schafbauern als stärkendes Mittagsmahl
dienten. So hat es Andreas Frischhut gehört,
der zwar nicht Konditormeister wie sein Vater
ist, sondern Betriebswirtschaft studiert hat,
aber natürlich längst alle Handgriffe im Café
beherrscht.

Und er weiß, wie schwierig es ist, eine gute
Schmalznudel zuzubereiten. „Ich kenne Konditormeister, die das nicht so gut hinbekom-
men", sagt Frischhut, dessen kleiner Sohn
auch schon mit Begeisterung im Familienbe-
trieb aushilft. Wenn zum Beispiel ein Gewitter
in der Luft liegt, sei das Schmalznudel-Backen
besonders schwierig: „Der Hefeteig ist wetter-

empfindlich." Die Spezialität zeichnet das Café aus. Schon um Punkt sieben Uhr sitzen die ersten Gäste an den kleinen Tischen am Eingang, lesen ihre Zeitung zum fettigen Gebäck, trinken Kaffee.

Das Prinzip Schmalznudel hat Vater Frischhut damals entwickelt, als er den kleinen Laden von Vorgänger Unsinn übernommen hatte: „Wir bieten wenige Sachen an, aber die wollen wir besser machen als die anderen", so Andreas Frischhut. Und so bleibt die Speisekarte mehr als übersichtlich. Doch die Gäste wissen ja seit fast vierzig Jahren, was sie hier erwarten können. Zu der Vertrautheit des Heißgebäcks gehört auch das Interieur, für das Mutter Frischhut verantwortlich ist. Die vielen Gemälde, oft sind es ländliche Idyllen oder

Treffpunkt: Seit vier Jahrzehnten gibt es frischen Kaffee zum Schmalzgebäck.

Der Fachmann: Andreas Frisch-hut, weiß genau, wie schwierig es ist, eine gute Schmalznudel zuzubereiten. Der Hefeteig ist wetterfühlig.

Ansichten vom Viktualienmarkt im Stil der naiven Malerei, sind allesamt mit Ursula Frischhut gezeichnet. Entstanden sind die meisten, als Andreas noch in München zur Schule ging und die Mutter deshalb nicht so oft im Laden aushelfen konnte. Immer wieder kommen Anfragen von Gästen, ob die Bilder nicht zu verkaufen wären – eigentlich nicht, aber ein paar sind dann doch weggegangen und hängen über den Globus verteilt.

Und auch das Café Frischhut hat längst einen Ruf in der ganzen Welt – auch wenn es keine eigene Homepage hat. Doch Reiseführer und Mund-zu-Mund-Propaganda lassen das Geschäft brummen. Auch wenn sich manche Gäste aus Übersee wundern, dass Schmalznudeln eigentlich gar nichts gemein haben mit Pasta. *Thomas Anlauf*

 Angebot: Wenig, dafür frisch: Schmalznudeln, Striezel, Krapfen – Achtung: heiß und fettig.

 Ambiente: Die Holzverkleidung und die abgewetzten Holzbänke haben den Charme einer Skihütte.

 Publikum: Mittlerweile viele Touristen, aber hauptsächlich Stammgäste meist älterer Semester.

Café Frischhut, Prälat-Zistl-Straße 8: Zu erreichen vom Marienplatz aus (U-Bahnstation) über den Viktalienmarkt.

Box, Gärtnerplatz 1: Von der U-Bahnstation Fraunhoferstraße stadteinwärts und dann rechts die Klenzestraße vor zum Platz. Oder zu Fuß vom Viktualienmarkt über die Frauen- und die Reichenbachstraße.

Design bestimmt das Bewusstsein

Das Box am Gärtnerplatz 1, das sich ausdrücklich als italienisches Speiselokal versteht, ist die Inkarnation eines münchnerischen Sommerlokals

Münchner Immobilienhändler wissen, worauf es ankommt: Lage, Lage, Lage. Gleiches gilt auch für die Münchner Gastronomie, allerdings unter verschärften Bedingungen – schließlich sind schon in den prominentesten Lagen die tollsten Wirte gescheitert, ohne zu wissen, wie das gastronomische Debakel zustande kam.

BOX

06

In dieser Lage, mit diesem Publikum, mit diesem Konzept kann aber eigentlich wenig schief gehen. Das Publikum, das schon im früheren Interview zu Hause war, huldigt dem hiesigen Sonnenkult in geradezu frivoler Weise. Ja, selbstverständlich kann man im Box ganz gut italienisch essen, die Antipasti, das Vitello tonnato oder der Rombo alla casalinga sind meist tadellos. Aber um das Essen geht es hier eher am Rande oder wenn es draußen regnet: Wer regelmäßig vor dem Box seinen Sonnenplatz einnimmt, stellt sich selbst in die erste Reihe der Terrassen-Bohème, das ist ein bewusster Akt der Selbstpräsentation.

Vor dem Box verläuft einer der zentralen Laufstege der Innenstadt, hier zeigt die Kreativszene, was man so tragen muss, um als genuiner Gärtnerplatzbewohner durchzugehen. Also: Sonnenbrille auf, Drink bestellen, cool sein. Das Design bestimmt das Bewusstsein in diesem Viertel, und das gilt auch für die zurückhaltende Einrichtung im Box. Edle Hölzer, dekorative Weine und eine breite Fensterfront bestimmen das Bild. Hier fühlt sich der Monaco-Münchner, der nur von Mai bis Anfang Oktober so richtig aufblüht, in seinem Element.

Christian Mayer

 Angebot: Italienische Klassiker, bekannt ist das Lokal aber auch für sein reichhaltiges Frühstücksangebot.

 Ambiente: Edle Holzmöbel, leichter Voralpen-Schick: das Gegenteil von grell.

 Publikum: Gemischt. Hier trifft sich die Kreativszene aus dem Viertel, aber manchmal kommen auch Touristen.

Im Bauch der Clemensburg

Früher linke Studentenkneipe, heute ein unverwüstliches Wirtshaus-Original und Borussia-Dortmund-Fan-Treff

Oft schon sind wir auf dem Weg nach Hause von der Clemensburg verschluckt worden. Wir wollen uns aber nicht beklagen, es war immer freiwillig. Denn in der Clemensburg fühlt man sich wie im Bauch eines riesigen Wals. Speckige, dunkle Holzwände schirmen den Alltag ab. Mit einem Glas gezapften Bieres der Schlossbrauerei Au-Hallertau in der Hand wird man träge durch die Nacht geschaukelt. Und irgendwann schaut man dann von seinem x-ten Schnitt – schließlich wollte man schon seit Stunden nicht mehr als eine Halbe Bier trinken – auf die Uhr hinterm Tresen und ist verwirrt. Was, schon so spät?

Es fällt einem immer schwer, das Lokal zu verlassen. Warum eigentlich? Besonders ausgelassene Laune verströmen die wenigen Stammgäste, plus rund 40 Leute am Tresen, oder die Dartspieler, wahrlich nicht. Was ist dann der Grund? In der Clemensburg kommt man immer mit jemandem ins Gespräch. Auch alleine muss man sich hier nicht unwohl fühlen. Und außerdem beein-

druckt das Alter, das die Clemensburg inzwischen auf dem Buckel hat.

In den 1960er und 1970er Jahren diskutierten sich an den schwarzen Holztischen Linksalternative die Köpfe über Politik heiß. In den 1980ern wurde wild gefeiert. So stellt man es sich jedenfalls vor, wenn man die vielen Aufkleber an der Wand betrachtet: Che Guevara, Friedenstaube, BAP und Rolling Stones.

Aber eigentlich gibt es die Clemensburg ja schon viel länger, exakt seit 1914. Damals baute hier eine Genossenschaft einen ganzen Hauskomplex. Im Erdgeschoss wurde das Speiselokal Clemensburg untergebracht. Es war verpflichtet, verfrorene Nachbarn – damals hatte kaum jemand eine Heizung in der Wohnung – aufzunehmen, damit sie sich an dem Ofen in der Ecke aufwärmen konnten. Irgendwie ist die Clemensburg bis heute noch eine Art Unterschlupf für Einsame, Durstige und Hungrige.

Seit April 2010 kümmern sich zwei Frauen um das Wohl der Gäste: Barbara Jakisch und Sonja Pintaric. Sie kochen Chili con Carne, Schinkennudeln und Currywurst. „Die Sonja war noch auf der Schule, als sie hier 1980 zum Jobben anfing. Ich hab damals schon studiert. Sonja hat dann 14 Jahre hier gearbeitet, ich 18", sagt Barbara. Als der letzte Pächter, Helmar Tinnes, 2010 aufhörte, sei es klar gewesen, dass sie die Clemensburg übernahmen.

Jakisch ist selbständige Softwareentwicklerin und arbeitet nur nebenberuflich als Gastronomin. „Andere haben ein Hobby, ich hab das hier", sagt sie achselzuckend. Sonja Pintaric hat Betriebswirtschaftslehre studiert und ist in Vollzeit mit der Clemensburg beschäftigt. An der Einrichtung haben die neuen Pächterinnen fast nichts geändert, nur „neue" Lampen aufgehängt. Verschiedenartige, orange-rote Hängeleuchten aus den sechziger und siebziger Jahren des letzten Jahrhunderts verbreiten schummriges Licht.

Spielplatz: Bei Dortmund-Spielen jubeln hier die Münchner BVB-Fans, ansonsten kann man auch in Ruhe Darts spielen.

Und wie kommen die beiden Frauen damit klar, dass es hier inzwischen geruhsamer zugeht? „Mei, mehr Gäste wären schon nicht schlecht, aber Gott sei Dank ist unsere Pacht nicht so hoch", erklärt Barbara Jakisch. Am Wochenende sei schon mehr los. „Die Leute gehen einfach anders weg als früher. Viele haben heutzutage im Beruf mehr Druck und können es sich nicht mehr leisten, unausgeschlafen und verkatert im Büro zu erscheinen. Und die Studenten haben wegen der Studiengebühren weniger Geld als früher." Damals sei es doch egal gewesen, ob das Studium ein, zwei Semester länger dauert. Vor kurzem hat Jakisch an der Uni einen Aushang gemacht: Clemensburg sucht Aushilfe. „Kein einziger hat angerufen,

Zeitzeugen: Überall kleben und hängen Botschaften aus vergangenen Zeiten – etwa der Hinweis, dass Rauchen füher mal Chefsache war.

nicht mal einer. Früher hätten sie uns die Tür eingerannt", staunt die Wirtin.

Apropos Tür einrennen. Das passiert hier immer noch. Und zwar immer, wenn der BVB spielt, denn die Clemensburg ist Fankneipe der Münchner Borussen. „Dann ist hier so ein Andrang, dass wir einen Türsteher brauchen." Früher einmal, man mag es kaum glauben, waren hier Schalker Fans zuhause. „Die sind abgewandert, als wir den Laden übernommen haben. Irgendwie waren die nicht so erfreut, dass jetzt zwei Frauen die Chefs waren. Anscheinend bereuen sie es jetzt aber fürchterlich", sagt Barbara.

Apropos „bereuen". Das erinnert nämlich an etwas: den Wecker und all das, was uns morgen erwartet. Endlich reißen wir uns vom Barhocker los. Der Wal entlässt uns wieder in die Welt. *Annette Wild*

 Angebot: Bei größeren Feiern haben die Gäste die Möglichkeit ihr Essen selbst mitzubringen.

 Ambiente: Dunkle Holzwände und Tische spiegeln der Charme der 1960er und 1970er Jahre wieder.

 Publikum: Stammgäste, Studenten, Dartspieler und Borussia-Dortmund-Fans am Bundesligatag.

Die Clemensburg, Clemensstraße 61: Gleich um die Ecke an der Belgradstraße hält die Tram der Linie 12. Oder U-Bahnstation Hohenzollernplatz, dann nach Norden über die Herzog- bis zur Clemensstraße.

Rheinpfalz, Kurfürstenstraße 35: Tramlinie 27 bis zum Elisabethplatz, kurz in die Franz-Joseph- und gleich rechts in die Kurfürstenstraße.

Kneipe mit Köpfchen

Die Rheinpfalz in Schwabing ist die Kneipe mit dem höchsten IQ der Stadt – behauptet zumindest der Wirt

In der Rheinpfalz pulsiert Schwabing an manchen Abenden noch wie früher. Noch nicht lange her, da ließ Hans Karp, den alle nur Hänsel nennen, die Beatstones auftreten, eine Sixties-Band aus Pasing. Die Musik war treibend, es war heiß und furchtbar eng. Die älteren Gäste tanzten, die Jüngeren sagten: „Wahnsinn, wie die alten Leute tanzen."

In dem Lokal in der Kurfürstenstraße treffen sich Musiker, Künstler, Denker und Thekensitzer. Jeder duzt jeden, auch die wenigen Neulinge. Der Gitarrist Nick Woodland, der der Legende nach einmal beinahe von den Rolling Stones engagiert worden wäre, kommt fast jeden Abend, setzt sich an den Tisch hinter der Eingangstür und trinkt ein Glas Wein. Dann geht er wieder. Rock'n'Roller Richard Rigan, der noch immer „Elvis von Schwabing" genannt wird, sagt über die Rheinpfalz: „Es ist eines der wenigen Lokale, wo kein Schickimicki zu sehen ist." Wo er seine Cowboystiefel anziehen könne, ohne schief angeschaut zu werden.

„Die Rheinpfalz hat Kultur", sagt der Wirt Hänsel stolz. „Sie ist die Kneipe mit dem höchsten IQ der Stadt." Köchin Barbara zum Beispiel, die seit Jahrzehnten Tellerfleisch, Schinkennudeln oder Zanderfilet zubereitet, ist Politologin. Woher der Name der Kneipe kommt, hat allerdings trotz allem IQ noch niemand herausgefunden. Auch wie lange es das Lokal schon gibt, kann keiner sagen. Fest steht: 1971 übernahm Hänsel. Und wenn es nach ihm geht, werden die Gäste hier noch lange an der Theke sitzen, vor sich ein Glas, das erst halbleer, dann leer und schließlich wieder voll ist. *Lisa Sonnabend*

 Angebot: Die Küche bietet Bodenständiges, wie z.B. Tellerfleisch oder Schinkennudeln zu moderaten Preisen.

 Ambiente: Schlichte Einrichtung, das Wesentliche sind die neun Holztische und die große Theke.

 Publikum: Schwabinger Professoren und Künstler, aber auch ein paar Studenten.

Aus Prinzip verlebt

Das Flex will kein Wohnzimmer sein, sondern immer ein bisschen provozieren

Früher war das hier sogar ein Ort, an dem Politik gemacht wurde – zumindest im weiteren Sinne. Die Münchner Sektion der Anarchistischen Pogo-Partei Deutschlands (APPD) hielt im Flex ihren Stammtisch ab. Wohin hätten sie auch sonst gehen sollen in dieser Stadt? Mit Wahlslogans wie „Arbeit für Arbeitswillige" und „Meine Stimme für den Müll". Hier aber konnten sie trinken, sich die Köpfe heißreden, und manchmal rauften sie auch. Diese besondere Form der politischen Auseinandersetzung gibt es heute nicht mehr im Flex.

Aber Olaf Böttcher erlebt immer noch viele Geschichten, die in München nur seine Kneipe hervorbringen kann. Es klingt, als wäre er ein klein wenig stolz darauf. Böttcher eröffnete das Flex im März 1992 zusammen mit einem Freund. Sie hatten sich beim, wie er sagt, „Rumstudieren" kennengelernt, schon in der Gastronomie gejobbt, jetzt wollten sie etwas Eigenes. „In München gab es damals zwar Tausende Kneipen, aber alle haben gleich ausgesehen." Als sie den verwüsteten Keller in der Ringseisstraße begutachteten, riet die Maklerin ab: „Für

Geschmackssache: Stillleben in einer Ecke des Flex.

Anfänger ungeeignet." Vier Jahre stand der Raum davor leer, der Ruf bei Brauereien war ruiniert, der bei der Polizei sowieso: Verbindungen ins Rotlicht-Milieu.

Die beiden jungen Männer focht das nicht an, sie begannen, den Keller selbst zur Kneipe umzubauen. Der Kompagnon Böttchers heißt Florian Schönhuber. Dass ausgerechnet der Sohn von Franz Schönhuber, dem Mitbegründer der rechtsextremen Partei Die Republikaner, eine Punkkneipe aufmachte, brachte das Flex sofort ins Gespräch. Und es blieb im Gespräch, weil die Kneipe in München so besonders unbesonders ist.

Während sich die anderen meist am Besser, Mehr und Schöner versuchen, ist das Flex eine Ausnahme. Allein die Tische. Keiner wie der andere, noch nie erneuert worden, hin und wieder überlackiert. Stehen seit zwei Jahrzehnten hier im Keller. „Und wir haben sie schon gebraucht gekauft", sagt Böttcher lachend. Das Unbehagen an der oft heute noch irgendwie überzuckert-trendig wirkenden Kneipengegenwart lässt man zurück, wenn man über die engen Treppen hinuntersteigt in den L-förmigen Raum. Rauch- und dunstgeschwängerte Jahre haben das ehemals knallige Orange der Wände schon lange mit Patina überzogen. Das hier will kein Wohnzimmer sein, Wohnzimmer wollen domestizieren, das Flex will immer auch ein bisschen provozieren.

Böttcher, ein großer, schlaksiger Mann mit Nichtfrisur, hat auch ein wenig Angst vor dem Dekorativen. Und so hängt im Eck ein verstaubtes Kreuz, aus dessen Querbalken zwei hölzerne Hände wachsen, in die Bier und Zigaretten gehören, bis ins Grab. An der Wand ein Cover der Industrialband Nine Inch Nails. Es ähnelt einer Zielscheibe. Drumherum: klebt Blasrohrmunition aus Papier. Böttcher sagt, er möge das Verlebte, er nimmt sogar den so beladenen Begriff „Underground" in den Mund. Unter den Gästen finden sich allerdings nicht mehr viele Punks. Das Publikum ist hetero-

Kickern im Keller: Als ein paar Leute kamen und einen neuen Kickerkasten haben wollten, hat der Wirt einen besorgt. Auch Billard läuft hier gut.

gen, viele Studenten, Liebhaber von Gitarren-
musik, Menschen, die sich nicht immer für die
perfekt gestylte Bar perfekt stylen wollen. Die
völlige Abwesenheit dessen, was in München
so gerne als hip bezeichnet wird, lässt einen
im Flex durchatmen. Sensation, oberflächliche
Aufgeregtheit, Aufplusterei: keine Spur davon.

Böttcher ist vier- oder fünfmal die Woche
in der Kneipe, gibt oft den DJ, rekrutiert das
Barpersonal aus den Stammgästen. Er kümmert sich um alles. Auch die Blasrohrmunition
ist schnell verschwunden. Vor einiger Zeit kamen ein paar Jungs zu ihm, wollten einen neu-
en Kickerkasten. Einen Turnier-Kickerkasten.
Wenn Du uns den besorgst, haben sie gesagt,
dann kommen wir spielen. Olaf Böttcher hat
ihn besorgt. Sein Kompagnon ist vor einigen
Jahren ausgestiegen, wollte sich den größeren Projekten widmen, zum Beispiel der Groß-
raumdisco Nachtgalerie, auch Böttcher hat
da anfangs mitgemischt: „Aber das war nicht
meine Welt, diese Massenabfertigung", sagt
er. Dass Böttcher im Flex nicht so viel verdient,
nimmt er in Kauf. Die Kickerspieler eröffneten
ihm gerade, dass sie sich getäuscht haben. Der
Kasten, der jetzt im Flex steht, der sei zwar gut,
aber für die offiziellen Turniere, da sei ein anderer ausgewählt worden. Olaf Böttcher hat
gelächelt. Er wird den neuen Kasten besorgen.

Sebastian Gierke

**Der schlauchförmige Laden an der Ringseisstraße ist möglichst
schlicht gehalten. Eine Ausnahme in der Münchner Kneipenszene.**

Angebot: Samstags wird um die Getränke gewürfelt.
Ein Einserpasch und die Bestellung ist kostenlos.

Ambiente: Dunkel, verlebt, gebraucht. Im Spielraum
steht der legendäre Adams-Familiy-Flipper.

Publikum: Von 18 bis 45 sind alle da, die sich nichts
aus Hipstern und Schickimickis machen.

Flex, Ringseisstraße 11a: Von der U-Bahnstation Goetheplatz etwa 200 Meter die Lindwurmstraße in Richtung Sendlinger Tor, die Ringseisstraße zweigt rechts ab.

Pimpernel, Müllerstraße 56: Das Lokal liegt fast am Sendlinger Tor (U-Bahnstation). In die Müllerstraße sind es nur ein paar Schritte.

Königin der Nacht

Im Pimpernel feierten einst Walter Sedlmayr und Freddie Mercury – heute ist das früher verruchte Schwulenlokal eine angesagte Szenebar

Wenn das Pimpernel eine Frau wäre, würde sie vielleicht Lola Montez heißen, wie die Skandal umwitterte Gespielin König Ludwig I. Die Adresse steht heute noch für Glimmer und Glamour, Verführung und Anstößigkeit. Obwohl die Zeiten längst vergangen sind, da die Bar luxuriöses Late-Night-Ambiente bot und bevorzugtes Etablissement war für prominente Teddyboys wie die Rock-Ikone Freddie Mercury, die hier schwulen Lifestyle suchten. Aus der einstigen Nachtigall war zwischenzeitlich ein schäbiger Vogel geworden, ein Strichertreff der billigen Sorte. „Wer gerne bestohlen wird und sich mit schmutzigen Strichern vom Balkan abgeben will, ist hier richtig", lautete 2006 ein Eintrag in einem Internet-Forum.

Das Pimpernel ist tot, es lebe das Pimpernel: Wer heute Einlass findet, sieht sich in einer Szenebar wieder, in der sprichwörtlich der Bär tanzt. In Viererreihen stehen die Jungs und Mädchen um die ovale Edelholzbar. Eng und schwül ist es hier, und vor allem laut. Ein Ort zum Anbandeln unter Extrembedingungen. Wechselnde Discjockeys beschallen die Gäste mit Indietronic, Soul, Elektro oder Ska. Wenn die erste Kehrmaschine vorbeifährt, erreicht die Stimmung ihren Höhepunkt.

Den Paradigmenwechsel im Pimpernel hat Sven Künast herbeigeführt, nachdem er 2007 das Lokal nach dem Tod seines Geschäftspartners übernommen hatte. Das Pimpernel sei nunmehr für alle offen, „ob homo, hetero oder was auch immer". *Michael Morosow*

 Angebot: Tegernseer Helles, Rothaus-Pils „Tannenzäpfle", Schneider-Weiße. Keine Speisen.

 Ambiente: Unverändert erotisch, plüschig, rustikal und ein wenig verrucht.

 Publikum: Szenegänger mit viel Ausdauer, Musikfreunde und Anbandler.

Von der Ziegelei zur Bühne

Aus einem Ausschank für Arbeiter entstand die Gaststätte Iberl samt Volkstheater

Ein wenig klingt es nach Schicksal, wenn Wirtin Sibylla Abenteuer von ihrem Werdegang in der Gaststätte Iberl in Solln erzählt. Denn zusammen mit ihrem Mann Klaus betreibt sie zudem noch den Rabenwirt in Pullach. Und beide Lokale haben eine gemeinsame Geschichte. Viele Bilder belegen dies, zum Beispiel die Fotografie, die sie in die Nähe der Schänke des Iberl gehängt hat. Sie zeigt Josef Heppner und Anna Iberl, das Gründerpaar des Ganzen.

Sibylla Abenteuer steht oft davor, betrachtet dieses Bild der beiden einstigen Wirtsleute und schüttelt dann immer wieder den Kopf. „Mit uns ist da etwas zusammengewachsen, was immer zusammengehört hat – und wir haben das nicht einmal gewusst. Unglaublich." Es ist eine schöne Geschichte, eine Geschichte, die ihren Anfang bereits im Jahre 1862 nimmt. Damals war das Iberl noch eine Ziegelei, deren Chef, Josef Iberl, beschlossen hatte, genau dort einen Ausschank für die Arbeiter zu eröff-

Die Gaststätte in Solln hat ihren ursprünglichen Charakter bewahrt.

Traditionsbetrieb: Seit 1888 ist das Haus in Solln eine Gastwirtschaft, zuvor war hier einfach eine Schänke für die Arbeiter der Ziegelei.

nen. Iberl hatte eine Tochter namens Anna, und die verliebte sich in den Bildhauer Josef Heppner und heiratete ihn. Heppner gehörte zur damals recht bekannten Künstlergruppe „Die Raben", findet aber auch recht bald Gefallen an der Gastronomie.

Als die Lehmvorkommen in den Folgejahren immer weniger wurden und abzusehen war, dass der Baustoff bald erschöpft sein würde, kam Iberls Schwiegersohn auf die Idee, das Anwesen in Solln in einen reinen Schankbetrieb zu verwandeln – zum Ärger der Behörden, die ihm zunächst die Konzession verweigerten. Erst mit Hilfe von 58 Stammgästen und seinen Künstlerfreunden konnte er seinen Plan umsetzen und das Iberl 1888 als echtes Wirtshaus eröffnen. Im selben Jahr erhielt er von Anton Köck das Angebot, dessen Lokal in Pullach zu pachten – und griff zu. Dessen Name Rabenwirt erinnert noch heute an Heppner und seine Künstlergruppe.

Vor zehn Jahren übernahmen nun Klaus und Sybilla Abenteuer das Pullacher Traditionshaus Rabenwirt. „Ein Wahnsinn", erzählt die Wirtin heute. Die beiden kamen aus der Systemgastronomie und hatten lange den Essens- und Getränkeverkauf im Münchner Imax-Kino betrieben: „Wir waren reine Popcornverkäufer und hatten keine Ahnung von dieser Art Gastronomie." Viel Geld haben sie investiert – und noch mehr Lehrgeld bezahlt. Doch der Rabenwirt etablierte sich nicht nur als beliebtes Ziel bei Spaziergängern, die von der Isar heraufsteigen, sondern auch bei den Menschen, die in der Umgebung leben. 2010 passierte dann ein kleines Wunder in der Gastronomie: Der Hauseigentümer verpachtet erstmals in seiner Geschichte nicht mehr

Bayerisch-bürgerlich: 2010 wurde nicht nur das Lokal, sondern das ganze Haus grundlegend saniert.

Sibylla Abenteuer betreibt mit ihrem Mann Klaus das Iberl, Anna Iberl und Josef Heppner eröffneten das Haus 1888.

an die Brauerei, sondern an die Abenteuers selbst: „Wir sind nun brauereifrei."

Im Iberl ist ihnen das noch nicht gelungen. Darum geht es angesichts der Tradition dieses Hauses ohnehin nicht. 2005 hatten sie sich mit Georg Maier geeinigt, der das Iberl seit 1966 gepachtet hatte und mit der Iberlbühne Volkstheatergeschichte geschrieben hat. Georg Maier wollte sich nur noch auf das Stückeschreiben und Schauspielern konzentrieren. Also suchten er und die Spatenbrauerei nach neuen Betreibern – und fanden sie in den Abenteuers. Erst als der Vertrag unterschrieben war, stellte sich heraus: Rabenwirt und Iberl sind seit jeher geschichtlich untrennbar miteinander verbunden.

Mit der Übernahme wurde das Haus in der Wilhelm-Leibl-Str. 22 nach langen Jahren grundlegend saniert – für rund 700 000 Euro, die vom Eigentümer, der Brauerei und den Abenteuers aufgebracht wurden. Die Investitionen haben sich gelohnt. Das Iberl hat sei-

nen ursprünglich-gemütlichen Charakter nicht verloren, umfasst nach wie vor samt Theatersaal rund 180 Plätze. Legendär ist das Blaumeiser Stüberl, benannt nach dem 1988 gestorbenen Karikaturisten und Zeichner Josef Blaumeiser, der hier immer mit seinen Freunden am Stammtisch saß. Einige seiner Zeichnungen hängen an der Wand und geben davon Zeugnis. Viele Prominente, etwa Schauspieler Gert Fröbe oder auch Musiker Max Greger jun., gingen im Iberl einst ein und aus, und noch heute trifft man bisweilen den ein oder anderen berühmten Gast.

Für Sibylla Abenteuer ist vor allem eines wichtig: „Dass wieder so viele Familien aus der Umgebung mit ihren Kindern kommen." Und zwar zum Essen, weil sich das Iberl mit seiner gehobenen-bürgerlichen Küche wieder zu dem gemausert hat, was es früher einmal war: ein Anziehungspunkt für die Menschen, die hier im Münchner Süden leben.   *Astrid Becker*

 Angebot: Wechselnd, z. B. Hirschkotelett oder Steirisches Almochsenfilet, Spatenbier.

 Ambiente: Gemütlich, anheimelnd, nach Jahreszeit dekoriert, lädt zum längeren Verweilen ein.

 Publikum: Die Bessere Gesellschaft aus Solln, Pullach und Grünwald, die als solche nicht erkannt werden will.

Iberl's Gasthaus, Wilhelm-Leibl-Straße 22: Vom S-Bahnhof Solln über die Diefenbachstraße Richtung Süden, die Herterichstraße queren, die Stridbeckstraße bis zum Ende, nach der Rechtskurve steht das Iberl.

Gasthaus Zum Hirschen, Sollner Straße 43: Der Gasthof befindet sich direkt am S-Bahnhof Solln.

Bierpalast des Südens

Einst war das Lokal Zum Hirschen Schauplatz von Trink-gelagen – heute residiert hier ein feiner Gasthof

Im tiefen Münchner Süden pflegen die Leute ein spezielles Ritual: Zuerst fläzen sie sich in die Sitze des Sollner Kinos, anschließend treffen sie sich zur entspannten Diskussion des Films im benachbarten Gasthaus Zum Hirschen. Nach seiner Eröffnung im Jahr 1899 sollen sich in der turmbewehrten Gaststätte noch handfestere Szenen abgespielt haben: Waren die trinkfesten Gestalten der Gegend nächtens aus den umliegenden Wirtschaften hinausgeworfen worden, wankten sie zum Finale in den Hirschen.

Seither hat der denkmalgeschützte Gasthof etliche Metamorphosen durchlebt. Einfache Bierschänke mit Billardstube, bistroartige Pianobar – alles da gewesen. Seit bald einem Jahrzehnt gibt Nabil Kotb als Wirt die gastronomische Richtung vor; nun schließt der Gasthof auf zur feineren Wirtshauskategorie. Dafür ist er mit seinem prächtigen Gewölbe und dem Biergarten prädestiniert. Outdoor-Spezialität: ein orientalisches Zelt.

Wer das Haus führt, muss sich einiges einfallen lassen. Denn zum einen ist das Publikum im Münchner Süden verwöhnt, zum anderen schläft die Konkurrenz nie. Kotb setzt auf eine internationale Speisekarte mit nahöstlichen Akzenten. Preislich locken Schnitzel-, Nudel- und Ententage, obendrein eine Happy hour – 60 Cocktails stehen zur Auswahl. Die Mischung aus Restaurant und Feierabend-Kneipe in gediegenem Ambiente kommt an. Fußball ist im Hirschen keine Nebensache, sondern wird als Hauptgang serviert. Kein bedeutendes Spiel, das hier nicht über den Großbildschirm flimmert

Jürgen Wolfram

 Angebot: Internationale Küche mit orientalischem Einschlag. Spezielle, günstige Tagesangebote.

 Ambiente: Dank der hohen Gewölbe ein Hauch Münchner Bierkeller-Atmosphäre. Viel Holz, schöne Deko.

 Publikum: Könnte gemischter nicht sein. Cliquen, Fußballfans, lebhafte Freundinnen, Cineasten.

Einer für alle

Beppi Bachmaier ist seit 1974 der Wirt im Fraunhofer – Moden perlen an ihm und seinem Gasthaus einfach ab

Im Kopf hatte er seinen Plan schon durchgespielt. Große Tafeln würde er vor die Tür stellen, „Bio-Currywurst, ein Euro das Stück!", vielleicht draufschreiben. Auf jeden Fall wäre er billiger als alle anderen. „Mir wär das Geschäft wurscht gewesen, ich wollte nur Flagge zeigen", sagt Josef Bachmaier, den alle Beppi nennen, und lacht kurz aus voller Brust. „Flagge, dass wir das Viertel nicht an die Currywurst abgeben."

Es ist dann nichts geworden aus der spontanen Reaktion des Fraunhofer-Wirts auf den Currywurst-Hype im Gärtnerplatzviertel, und die Gründe dafür sagen schon eine ganze Menge über Beppi Bachmaier aus. Er habe, erzählt er, mit den neuen „Curry"-Nachbarn in der Fraunhoferstraße 11 (und inzwischen dritten Currywurstanbietern im Umkreis von 150 Metern) geratscht und festgestellt, „dass die unheimlich nett sind und außerdem ihre ganz eigene Philosophie haben und Pommes nur aus frischen Kartoffeln machen", sagt Bachmaier. Das habe ihn sofort wieder besänftigt.

Tierisch: Im Fraunhofer hängen Köpfe von Wildschweinen und sonstigem Getier an der Wand.

Wie in alten Zeiten: Das Wirtshaus gibt es seit 1775. Noch heute strotzt der Stuck von der Decke, und der Saal ist voller Münchner.

Es ist auch nicht so, dass Beppi Bachmaier und sein Wirtshaus unter den schnellen Moden des Gärtnerplatz-Glockenbach-Nachtlebens leiden würden. Im Gegenteil. Am Wochenende strömt mehr junges Publikum ins Fraunhofer als früher, der große, hohe Raum mit dem filigranen Stuck an der Decke und den mannshohen Holzvertäfelungen an den Wänden ist dann einfach noch voller. Eher ist es so, dass das Fraunhofer all diesen Moden trotzt. Dass es einfach dasteht, wie es immer schon dastand (das Gasthaus existiert seit 1775), während sich draußen alles verändert.

Ein Fels in der Brandung – die leicht angestaubte Metapher gefällt dem Wirt, der eigentlich auch immer schon da war. Seit 37 Jahren führt er das Fraunhofer. Und manchmal reizt es selbst einen gelassenen Menschen wie Beppi, Flagge zu zeigen, wie er das nennt.

Man könnte auch sagen: den Leuten den Spiegel vorhalten. Nicht mit moralinsaurer Miene, eher mit einem hinterfotzigen Grinsen.

Dienstag, 18 Uhr, das Fraunhofer ist noch fast leer. Am runden Tisch vor der Theke essen die Bedienungen, noch bleibt Zeit dafür. Beppi Bachmaier setzt sich an den kleinen Holztisch direkt am Eingang. Es ist sein Stammplatz, den er nur freigibt, wenn sich wartende Gäste vorne am Eingangsbereich gegenseitig auf die Füße treten. „Ich wär' ein schlechter Wirt, wenn ich Gäste, die Geld ausgeben wollen, wieder rausschicken würde", sagt er fast ein wenig empört auf die Frage, ob ihm der Tisch heilig sei.

Der Wirt ist keiner, dem die Worte von alleine aus dem Mund quellen. Aber jetzt, wo es darum geht, warum das Fraunhofer junge Studenten genauso anzieht wie gestylte Business-Damen, schwule Paradiesvögel und ergraute

Gegen den Trend: Urig sind nicht nur die Trophäen, sondern auch die Sicherungen.

Herren mit abgewetzten Sakkos, muss man nicht lange auf Antworten warten. „Ein Wirt hat immer das Publikum, das er verdient", sagt Beppi Bachmaier. Auf seines ist er stolz, denn einen Wunsch hegte er: Dass Leute jedweder Couleur kommen, um sich hier beim Bier und Schweinsbraten zu unterhalten, vielleicht auch mal zu streiten. Als Bachmaier das Fraunhofer 1974 gemeinsam mit seinem Freund Uwe Kleinschmidt von der Spatenbrauerei pachtete, war das Publikum noch studentisch und politisiert, was nicht nur an den Zeiten lag, sondern schlicht an der Tatsache, dass die beiden neben dem „Musikalischen Unterholz", der legendären Kleinkunstbühne MUH in der Hackenstraße, ein Wirtshaus suchten. „Die Leute haben im MUH während des Programms dauernd geratscht, die brauchten was, wo sie sich treffen konnten."

Damals war Beppi Bachmaier, der im Gärtnerplatzviertel aufgewachsen ist, ein paar Mal in London unterwegs. Die Pubs faszinierten ihn, dort war es lustig und laut – ein Ort, wo sich alle trafen, denen nach Geselligkeit war. So etwas in die Richtung wollte er auch. Und darauf hat Bachmaier sein Leben ausgerichtet. Er wohnt direkt über dem Fraunhofer. „Wie es sich für einen guten Wirt gehört", sagt er. Und manchmal, wenn das Gasthaus schon zu ist, sitzt er noch lange mit Kabarettisten wie Sigi Zimmerschied oder mit den Geigerinnen der Volksmusikgruppe „Zwirbeldirn" bei Bier und Wein hinten in der Kulisse, der Theaterbühne des Fraunhofer. „Grad die Volksmusik ist etwas, was für mich zum Wirtshaus dazugehört", sagt Beppi Bachmaier. Von Kirchweih bis Ostern gibt es sonntags einen musikalischen Frühschoppen, seit 20 Jahren organisiert das Fraunhofer Volksmusiktage – sechs Wochen, 50 Veranstaltungen, 250 Musiker.

Inzwischen ist es 20 Uhr, das Gasthaus gut gefüllt. Beppi Bachmaier, der mit seiner dunkelblauen Strickjacke, Jeans, schwarzen Halbschuhen und Siebentagebart wie ein Stammgast wirkt, schaut gedankenverloren in den großen Raum. Dessen hundert Jahre alte Jugendstilmöbel, Holzvertäfelungen und Stuckaturen lässt er von Zeit zu Zeit restaurieren. Von seinem Platz aus hat er praktisch die ganze Wirtschaft inklusive Schenke und Essensausgabe im Blick.

Ob er Alex sieht, den Kellner mit der Optik eines glückseligen Benediktinermönchs (den viele für den Wirt halten, erzählt Bachmaier), wie er gerade einer Kollegin vor dem Tresen liebevoll den Nacken massiert? Oder den hageren, dunkelhäutigen Mann im zu großen beigen Anzug, der erst ein wenig verloren herumsteht, sich dann ein Herz fasst und an einem Tisch freundlich („Oana geht immer!") aufgenommen wird? Und den alternden Dandy mit rotem Einstecktuch?

Plötzlich ist Beppi Bachmaier wieder präsent und erzählt eine Geschichte von Winfried, seinem Chefkoch. Der habe nach fast zwanzig Jahren im Fraunhofer gekündigt, weil er mal was anderes machen wollte. Bachmaier ließ ihn schweren Herzens ziehen und gab kurz darauf eine Annonce auf. „Der erste, der sich gemeldet hat, war Winni", erinnert er sich. Winni wollte zurück in die Fraunhofer-Familie. Jetzt steht der Hüne mit dem kahlen Schädel wieder in der Küche und fertigt Krustenbraten und Kalbshaxn. Seither lässt Beppi ihn ab und zu bedienen. Damit er mal was anderes macht.

Michael Ruhland

![Beppi Bachmaier im Lokal]

Das Gesicht des Lokals: Beppi Bachmaier hat das Lokal 1974 gepachtet – und leitet es heute noch.

 Angebot: Größere Gruppen können Nebenräume, wie die „Kulisse" eigens mieten.

 Ambiente: Wunderbar großer hoher Gastraum mit Stuck und Holzmöbeln – zum Wohlfühlen.

 Publikum: Studenten, Familien, ältere Herrschaften. Eigentlich ist alles vertreten, außer junge Schnösel.

Gaststätte Fraunhofer, Fraunhoferstraße 9: Liegt unweit der U-Bahnstation Fraunhoferstraße stadteinwärts auf der rechten Seite.

Wirtshaus im Schlachthof, Zenettistraße 9: Mit dem Bus 152 direkt in die Zenettistraße oder U-Bahnstation Goetheplatz , dann über die Lindwurmstraße stadtauswärts in die Zenettistraße.

Kabarett zum Schweinsbraten

Das Wirtshaus im Schlachthof ist ein Münchner Unikat – kein Wunder, dass es als Kulisse für eine bekannte Fernsehserie diente und Otti Fischer hier seine Kabarettabende zelebriert

Norbert Kraft ist ein Bild von einem bayerischen Wirt. Kahler Schädel, stämmig die Statur und das Gesicht ziert ein nach oben gezwirbelter Oberlippenbart. Kraft ist Wirt im Wirtshaus im Schlachthof, das wiederum ein Bild von einer bayerischen Wirtschaft ist. Die Gaststätte „Viehhof", wie die Wirtschaft ursprünglich hieß, wurde in den Jahren 1876 bis 1878 erbaut. Das Wirtshaus war integrativer Bestandteil des Münchner Schlacht- und Viehhofs an der Zenettistraße und lange Zeit das Herz des Münchner Bauchs. Es trafen sich dort die Metzger, Viehhändler und das arbeitende Volk der Isarvorstadt. Heute ist das Wirtshaus im Schlachthof ein Ort für Kabarett, Kleinkunst und Musik. Aus dem Festsaal überträgt der BR seit 1995 fast jeden Monat den Kabarettstammtisch „Ottis Schlachthof", zu dem Ottfried Fischer Kollegen zum Schlagabtausch einlädt.

Seit Norbert Kraft das Wirtshaus übernommen hat, erledigt er nicht nur die klassischen Aufgaben eines Wirts, sondern ist auch für das „Booking" der Künstler verantwortlich. Jeden Abend ist Programm. Das war nicht immer so. Als Kraft das Gasthaus angetragen wurde, ließ er das unter Denkmalschutz stehende Gebäude erst einmal komplett renovieren. Viele Teile sind noch im Originalzustand: die Holzverkleidung der Wände, die gusseisernen Säulen und das steinerne Waschbecken für die Bierkrüge. Man sieht beinahe noch die „Weißwurst-Paula" vor sich, die sich im rauen Schlachthof-Milieu tapfer als Wirtin schlug – gespielt von der großen Ruth Drexel, 1986, in Franz Xaver Bogners Kultserie „Zur Freiheit".

 Angebot: Hausmannskost, aufs Programm abgestimmt. Egal, wer spielt: Schweinsbraten passt fast immer.

 Ambiente: Rustikal in der Stube, historisch-gemütlich in der Kuh-Bar, etwas angestaubt im Ox.

 Publikum: Die Generation Ü33 ist besonders gut vertreten, vor allem auf den gleichnamigen Partys.

Silentium, jetzt
wird g'sunga: ein
Leichtmatrose
bei der Arbeit.

Auf der Reeperbahn

Schunkeln, singen, selig sein – in der Fraunhofer Schoppenstube werden alle Gäste Teil einer großen Revue

Ach du heiliger Hans Albers: Jetzt auch noch singen. Und Gerti meint es ernst. An jedes der voll besetzten Tischchen in der schummrigen Kneipe verteilt sie Liedtexte – eingeschweißt, falls einer beim Schunkeln mit dem Bier kleckert. Die Kerzen flackern gemütlich, die Stimmung steht auf Samstagabend. Es ist nachts um halb elf in der Fraunhofer Schoppenstube. Die Show kann beginnen.

„Siiilentium", ruft die Gerti in die Runde und klingelt mit der Schiffsglocke. „Nicht mehr ratschen – jetzt werd g'sunga." Ein paar Dutzend erwachsene Menschen, die sich eben noch nicht kannten, heben auf Kommando ihre Stimme. Singen mit Werner Guhl den Gassenhauer „Auf der Reeperbahn nachts um halb eins". Die Situation ist etwas grotesk. Denn Werner, der singende Wirt mit dem Akkordeon, ist tot. Die Stimme kommt vom Band.

Im März 2007 ist Gertis Mann gestorben, die Erinnerung an ihn hält sie gemeinsam mit ihren Gästen aufrecht. Auch wenn es oft

Die Chefin: Wirtin Gerti Guhl umsorgt seit vier Jahrzehnten ihre Gäste – bis spät nachts die Kerzen abgebrannt sind.

zunächst Wildfremde sind: der Christian aus Trostberg zum Beispiel, der in der Schoppenstube an der Fraunhoferstraße seinen Junggesellenabschied feiert – in Leichtmatrosenkluft. Oder die jungen Schwäbinnen, die vergeblich flunkern, dass sie aus München kommen. Eigentlich bekommt hier nur einen Schnaps spendiert, wer glaubhaft versichert, er ist aus der Landeshauptstadt. Aber in dieser Nacht ist die Gerti, die selbst ja auch in Germering lebt, wieder einmal großzügig: Obstler für alle, und für Arancho aus Schwabing gibt's eine Wurst. Schließlich muss sich der struppige Mischlingsrüde in dieser Nacht noch einiges anhören. „Mein kleiner grüner Kaktus", „Kriminaltango", „Griechischer Wein" – und alle grölen mit. Weil Gerti es so will, seit Jahr und Tag. Doch jetzt könnte bald alles vorbei sein. Der Vermieter hat ihr gekündigt. Nach vier Jahrzehnten, in denen Gertrud Guhl in dem kleinen, von außen unscheinbaren Lokal nahe der Isar die Chefin ist ...

Vor kurzem erreichte diese mit Energie vollgepackte Frau das Rentenalter. Schon mit 14 Jahren hat sie in der Gastronomie gearbeitet, sie ist Wirtin mit Leib und Seele. Sie und ihr Mann Werner, dem sie 1965 zum ersten Mal das Jawort auf den Stufen des Gärtnerplatztheaters gab und nach der Scheidung drei Jahrzehnte später wieder, waren ein unschlagbares Wirteteam. Die Gerti machte die Einheizerin mit ihrem herzlichen, aber auch vom langen Leben im Lokal herb gewordenen Charme. Der Werner spielte dazu, auf dem alten Akkordeon oder der Heimorgel. Und die Leute sangen.

Das tun sie auch heute noch, oft bis der Tag graut. Nur eben mit Werners Stimme vom Band. Der musikalische Marathon wird von Gerti und ihren „drei blonden Engeln" hinterm und vor dem Tresen wie eine Revue inszeniert – und die Gäste sind die Hauptakteure. Beim „Kriminaltango" etwa: Als alle singen, „und in die Spannung, da fällt ein Schuss!", lässt Gerti direkt neben einem Ohr einen Ballon platzen. Aber Gerti Guhl fordert ihrem Publikum nicht nur alles ab, sie umsorgt es auch. Mitten in der Nacht gibt es schon mal frischen Schweinsbraten, Gulaschsuppe oder Fleischpflanzerl.

Irgendwann ist auch hier die Nacht zu Ende. Und dann steht man etwas heiser draußen vor der Tür, mit einem Lied auf den Lippen: „Auf der ..." Aber nein, hier draußen wäre es dann doch irgendwie peinlich: auf der Fraunhofer nachts um halb fünf.   *Thomas Anlauf*

 Angebot: Schmankerl gibt's am Wochenende bis halb fünf Uhr früh. Münchner bekommen einen Obstler gratis.

 Ambiente: Grässliche Einrichtung, beste Stimmung. Hauptsache, man singt mit.

 Publikum: Hier trifft sich die halbe Welt, sogar die New York Times war schon da und hat gelobt.

Zusammenrücken: Aus Fremden werden in der Schoppenstube schnell Freunde. Und Platz ist für jeden da.

Fraunhofer Schoppenstube, Fraunhoferstraße 41: U-Bahnstation Fraunhoferstraße, die Straße hinunter in Richtung Isar. Das Lokal ist etwas unscheinbar auf der linken Straßenseite.

Fischerstüberl, Lindwurmstraße 111: U-Bahnstation Goetheplatz, dann die Lindwurmstraße stadtauswärts.

In rauer See

Das Fischerstüberl ist eine echte Absackerkneipe, in der man bis zum frühen Morgen gepflegt essen kann

„Der Schlaf ist der Bruder des Todes". Dieser Spruch empfängt den Gast, der das Fischerstüberl entert. Unter der rustikalen, maritimen Dekoration von Seestern, Kugelfisch und Steuerrad fühlt man sich wie in einer Hafenspelunke auf Nantucket zu Zeiten der goldenen Walfang-Ära. Sieht der Tischnachbar nicht ein bisschen aus wie Kapitän Ahab? Außer ihm sind hier zu vorgerückter Stunde noch einige andere Herren und Damen der Sieben Weltmeere angeschwemmt worden. Schließlich gibt es im Fischerstüberl an der Lindwurmstraße bis zum frühen Morgen noch etwas Warmes zum Essen. So kann man sich an Spareribs, Currywust und frischem Schweinebraten stärken. Wer die Früchte des Meeres liebt, wählt Riesenscampi, Fisch oder Muscheln.

Bis vor ein paar Jahren spielte hier an so manchem Abend noch Etta auf dem Schifferklavier und sang dazu. Mittlerweile ist die Musikerin mehr als 80 Jahre alt und tritt nicht mehr auf. Dafür gibt es Oldies, Schlager und Evergreens von einem Saxophon-Spieler und ansonsten Musik aus dem elektronischen Wurlitzer.

Wir trinken noch einen gepflegten Absacker, bevor uns draußen die Morgenröte und zwitschernde Vögel erwarten. Kapitän Ahab vom Nebentisch prostet uns zu. Was interessiert uns eigentlich der nächste Tag? Kein Grund, die Segel so schnell zu streichen. Wir werfen die Uhr über Bord, wünschen uns „Mast- und Schotbruch" und schippern mit der wilden Mannschaft aufs offene Meer hinaus und in den neuen Tag hinein.

Annette Wild

 Angebot: Bis 7 Uhr früh warme Küche – manchmal sogar noch frischer Schweinsbraten.

 Ambiente: Rustikale Hafenkneipe mit vielen Modellschiffen und einem Sägefisch an der Wand.

 Publikum: Typische Nachtaktive, die noch lange nicht heim gehen wollen.

Olaf in Öl

Das Johanniscafé besteht seit 1924 –
Kneipier Schmidt, hat es im Laufe von
zwei Jahrzehnten zum Panoptikum
ausgebaut

Das Gesicht der Frau ist fast so weiß wie ihre
Jacke und Hose. Sie setzt sich an einen Eck-
tisch, Handy und Geldbeutel legt sie auf die
grüne Tischdecke vor sich, neben die wei-
ße Blumenvase, in der eine einzelne Rose
steckt. Als die Bedienung fragt: „Ein Weiß-
bier?", nickt die Frau und ihre schwarzen
Haare wippen kurz, sie schaut einmal auf
das Display ihres Telefons und erstarrt. Neil
Diamond singt „Heartbreak Hotel".

Zwei Tische weiter sitzen drei Dreißiger
vor ihren Hellen, einem hängt ein Kopfhö-
rer mit bierdeckelgroßen Ohrmuscheln um
den Hals, sie diskutieren über die größten
Schriftsteller. „Schiller und Goethe natürlich", sagt einer, „und dann kommt Hemingway." Schräg gegenüber lehnt eine blonde
Frau an der Schulter eines bärtigen Mannes,
müde oder verliebt oder beides. Über den
zweien hängt im Goldrahmen das Bild von
einem König, in Hermelin gewandet. Es
zeigt Olaf Schmidt, den Wirt des Johan-
niscafés; König Olaf I. in Öl. Der echte Olaf
Schmidt steht hinter dem Tresen, zwei Stu-

Wie die Zeit vergeht: An den Wänden hängen nur scheinbar wahllos Bilder von Elvis, das Porträt der Mona Lisa, vom Papst.

fen erhöht, und blickt auf sein kleines Reich. Eine Jukebox, ein leinwandgroßes Bergpanorama an der Stirnseite, Bilder an einer Wand, deren goldbraunes Tapetenmuster nur noch schwer zu erkennen ist. Elf Tische gibt es in Olafs Reich, sieben sind frei an diesem späten

Sonntagabend. An den anderen hocken die Untertanen. Manche glücklich, andere unglücklich, wieder andere glücklich, dass sie über ihr Unglück reden können.

Olaf Schmidt ist erst der dritte Wirt im Haidhauser Johanniscafé, das seit 1924 besteht. Schmidts Vorgängerin ist mittlerweile über 90, wohnt im zweiten Stock und isst noch immer jeden Tag hier. „Wir sind schon irgendwie eine Familie", sagt Schmidt. Das sagen zwar viele Wirte, aber hier scheint es zu stimmen und die warme Atmosphäre im Café zu erklären. Seit 20 Jahren führt Schmidt ein Lokal, das so aussieht, als hätte er einfach wahllos Gegenstände aufgestellt und aufgehängt. Ein ausgestopftes Eichhörnchen, ein Vogel, Fotos von Päpsten.

Manche werden wohl nach einem Besuch dieser Kneipe kopfschüttelnd dem Kollegen im Büro von der irren Einrichtung erzählen, andere dem Mitbewohner vom Wenz ohne Drei vorschwärmen, der nächste dem Vorstandskollegen, wie er sich bei Kässpatzen und Aventinus über das gerade gehörte Konzert gestritten hat. Am Johannisplatz 15 fühlt sich offenbar jeder wohl, ob Grafiker, Alkoholiker, Architekt oder Automechaniker. Selbst am Samstagabend. Da geht die Eingangstür nur halb auf, weil es so voll ist und alle rücken mit ihrem Stuhl so eng wie möglich an die Tischkante, um nicht dauernd angerempelt zu werden.

Warum ist das Johanniscafé ein gemeinsamer Kneipennenner, und mitnichten der kleinste? Vielleicht liegt es an der aberwitzigen Kombination aus Gästen, dem wirren Inventar, der wahllosen Musikpalette? Weil jede Orientierung, die ein Gast bei der Barwahl normalerweise hat, wie Gäste, Musik und Optik, im Johanniscafé nahezu unmöglich ist, geht es zwangsläufig zurück zum Wesentlichen: Gut essen, gut trinken, gut reden.

In einer Ecke sind die Wände mit Fotos verhängt, Ottfried Fischer grinst neben König Olaf von einem Foto, daneben schaut Ludwig Spaenle leicht bierduselig drein. Kurz ist Stille im Café, dann singt Lena „Taken by a stranger", und in der Dreierrunde sagt einer: „Ich muss morgen um sechs raus." Sein Gegenüber: „Wusstet ihr, dass Hemingway so viel getrunken hat wie seine Romanfiguren? Scotch und Wodka und zum Essen in Gesellschaft sechs bis sieben Flaschen Wein." Er sagt den gleichen Satz eine Minute später noch einmal.

Es würde im Johanniscafé wohl niemanden wundern, wenn Hemingway zur Tür reinkäme, einen Whiskey bestellen und seinen Notizblock aufschlagen würde. Er hätte viel zu schreiben.

Die drei Männer zahlen um Mitter-

Olaf I. neben Olaf Schmidt: „Wir sind schon irgendwie eine Familie", sagt er. Zumindest trifft man sich oft hier.

nacht, je vier Helle. Sie warten noch ein Lied ab, es ist von der Bedienung komponiert, eine junge blonde Frau, die jede Zeile mitsingt. Der Weißbierschaum der stillen bleichen Frau in der Ecke ist zusammengefallen. Sie rührt sich erst, als ihr Handy über den Tisch brummt, nimmt es in die Hand, beginnt leise zu reden. Nach einer Minute sagt sie: „Nein!", legt auf und trinkt den ersten Schluck. *Philipp Crone*

 Angebot: Warme Küche, verschiedene Starkbiere und eine versteckte, aber exquisite Kuchenauswahl.

 Ambiente: Möglichst alt, echt und out, die Tische sind noch aus dem Jahr 1924.

 Publikum: Alle, vom Gasteig-Musiker über den Soziologie-Studenten bis zum Stammtisch-Rentner.

Johanniscafé, Johannisplatz 15: Die sogenannte Touristentram der Linie 19 fährt direkt am Johanniscafe vorbei. Oder U-Bahnstation Max-Weber-Platz, Innere Wiener Straße, dann links zum Johannisplatz.

Café Voilà, Wörthstraße 5: Die 19er Tram hält direkt schräg vor dem Voilà (Haltestelle Wörthstraße).

Corvette bis Kinderwagen

Einst mondänes Kaffeehaus, dann Rockerkneipe,
heute gemütliches Stadtteillokal und Mütter-Treff:
Das Voilà blieb sich über all die Jahre treu

Wer Wien liebt, kennt sicher auch den Zustand, von der schläfrigen Atmosphäre der dortigen Kaffeehäuser absorbiert zu werden. Stunden, ja Tage kann man dort vertändeln. Das Voilà an der Wörthstraße hat zwar einen französischen Namen, in seinem großen Saal fühlt man sich aber wie in einem Wiener Kaffeehaus. Im

19. Jahrhundert fand sich hier im „Franzosenviertel" Haidhausens Mittelschicht unter Kronleuchtern, Stuck und Glaskuppel zum Kränzchen zusammen. Damals war Haidhausen ein noch nicht frisch gentrifiziertes Gebiet, sondern ein Glasscherbenviertel. Heute werden hier gerade die letzten Altbauten saniert. Die Attraktivität des Viertels steigt und steigt.

Und das Voilà? Bis 1993 fuhr der damalige Betreiber, der bekannte Münchner Gastronom Kurt Müller, mit Goldkettchen und Corvette vor, um im Voilà seine szenig-rockigen Gäste zu begrüßen. Heute verströmt das Lokal mit Patina und Augustiner-Bier unaufgeregte Gastlichkeit. Trotz der Konkurrenz in der Umgebung brummt das Voilà. An manchen Abenden sind die 140 Plätze im Gastraum und die 60 Plätze auf der Terrasse voll besetzt. Auch junge Mütter lieben das Voilà, denn hier gibt's genug Platz für den Kinderwagen. Mittags strömt ein junges Publikum aus dem Edith-Stein-Gymnasium und den anliegenden Berufsschulen herein. Große Portionen und das günstige Mittagsmenü locken. Nachmittags treffen sich hier gerne ältere Menschen zu Kaffee und Kuchen – genau wie in einem Wiener Kaffeehaus eben.

Annette Wild

 Angebot: Frühstück, Wiener Schnitzel, Cocktails und ein günstiges Mittagsmenü.

 Ambiente: Kaffeehaus-Atmosphäre. Dunkle Holzmöbel, erdige Farben.

 Publikum: Menschen von unterschiedlichem Schlag und Alter – gegen Mittag Schüler.

Wo die Zeit stillsteht

In der Osteria Italiana wird Tradition groß geschrieben – Pizza gibt es jedoch nicht, dafür andere Klassiker

Das soll ein Italiener sein? Hier gibt's ja nicht mal Pizza. Die Einrichtung sieht aus, als hätte ein abgedrehter Innenarchitekt die Idee gehabt, ein bayerisches Wirtshaus und ein Wiener Kaffeehaus miteinander zu vermählen, und als hätte er die Einrichtung dazu in einem vergessenen Theaterfundus zusammengetragen. „Ein gutes Essen", sagt Egidio Sommavilla, „ist wie ein Lied von John Lennon: Man weiß, wie's geht, man kennt es und will es trotzdem immer wieder haben."

   In der „Osteria Italiana" wissen sie, wie das läuft mit der Tradition, und wer sollte es besser wissen als sie? Seit 1998 ist Egidio Sommavilla zusammen mit Prisco de Stefano Wirt in der Osteria, das Lokal selbst blickt jedoch auf eine viel längere Geschichte zurück: 1890 hatte Josef Deutelmoser die Idee, in München ein italienisches Lokal

Die Einrichtung sieht aus, als hätte ein Innenarchitekt die Idee gehabt, ein bayerisches Wirtshaus und ein Wiener Kaffeehaus zu vermählen.

zu gründen, aber was heißt Lokal: Die Italiener kennen eine sehr genaue Abstufung zwischen den Gaststätten, Osteria, Trattoria, Locanda, Ristorante, bei jeder Bezeichnung weiß der Gast sogleich, was ihn erwartet. Die Osteria ist dabei so etwas wie der Underdog – eine Knei-

pe, würde man im Deutschen sagen, in der es hauptsächlich zu trinken gibt, kleine Speisen dazu, „damit die Leute Durst bekommen und weitertrinken", sagt Sommavilla.

Weinlokale scheinen Mode gewesen zu sein bei den Münchnern jener Zeit – 72 waren es, als Deutelmoser die Betriebserlaubnis beantragte. Er erhielt sie vom Magistrat, und

„Wichtig ist der Geist, mit dem gearbeitet wird", sagt der Wirt Egidio Sommavilla.

Lokalgrößen

unglaublicherweise finden sich tatsächlich Teile der Originalausstattung bis heute, die Kassettendecke oder die geflochtenen Wandabdeckungen an der Garderobe.

Ein Künstler- und ein Wissenschaftler-Treff war die Osteria zunächst, bis ein gewisser Adolf Hitler nur ein paar Häuser weiter aus dem Schellingsalon geworfen wurde, weil er seine Zeche nicht bezahlen konnte. Er erkor die Osteria zu seinem neuen Lieblingslokal, was zum einen – als aus Hitler der Führer geworden war – zur Folge hatte, dass das Bismarck-Zimmer, in dem er meistens saß, mit Stahlplatten zu seinem Schutz ausgestattet wurde, zum anderen erhielt Deutelmoser die Erlaubnis auch Schnaps auszuschenken, nicht für Hitler, der trank nicht, aber für seine Kumpanen.

Deutelmoser schien sich ein bisschen zu sehr mit seinen braunen Stammgästen eingelassen zu haben. Jedenfalls musste er nach dem Zweiten Weltkrieg verkaufen, an die Familie Salvatori. Nun kam auch das, was wir heutzutage unter einem italienischen Lokal verstehen: italienische Küche; Deutelmoser hatte zwar italienischen Wein, aber bayerische Speisen verkauft. In dieser Zeit erlebte das Restaurant auch seine letzte Renovierung: Clotilde Salvatori ließ Boxen einbauen, was damals das Modernste vom Modernen war. Seitdem haben sie, bis auf gelegentliche Schönheitsreparaturen, nichts verändert: Nicht die dunkle Holztäfelung an der Wand, nicht das Porzellan und die Gläser auf Simsen unter der Decke, nicht die schweren Vorhänge – ein Ambiente, das sich auch der schrägste Innenarchitekt nicht ausdenken könnte, weil es gewachsen ist, nicht entworfen.

Pizza gibt es nicht – dafür die eine Karte mit italienischen Klassikern wie Vitello tonnato, die seit Jahrzehnten gleich geblieben ist, und eine zweite, die jeden zweiten Tag wechselt, „damit die Köche sich mal austoben können", sagt Egidio Sommavilla. Zu trinken gibt es nur Wein und Wasser – kein Bier und auch keine Softdrinks, was Sommavilla schon den Vorwurf der Kinderfeindlichkeit eingebracht hat. „Aber ist es kinderfreundlich", fragt er zurück, „wenn sie ständig Cola und Fanta bekommen?"

Es ist eine Familie hier, viele Gäste kommen über Jahrzehnte. Der Architekt Peter Lanz rühmte den Innenhof der Osteria als „schönsten Platz Münchens", Sir Peter Jonas sagt, die Osteria sei „ein Ort, wo die Zeit stillsteht, aber die Liebe ansteht", und Giovanni di Lorenzo nannte sie gar „das schönste Lokal, das ich in

Deutschland kenne". Zubin Mehta kam drei bis vier Mal die Woche, als er noch die Staatsoper leitete. Dabei, sagt Egidio Sommavilla, sei es nicht wichtig, dass ein italienisches Lokal auch italienische Küche anbiete: „Wichtig ist der Geist, mit dem gearbeitet wird. Wenn ein Deutscher eine gute Pasta-Soße kocht, ist das genau so italienisch wie bei einem Italiener." Seine Köche kommen dennoch alle von jenseits der Alpen. Und dass auf der Karte beim Risotto angegeben ist, es könne 25 Minuten dauern, deutet darauf hin, dass hier nicht auf die Schnelle gekocht wird – solange dauert es schon, bis der Reis unter ständigem Rühren die Brühe in sich aufgesogen hat.

Dass sich die Osteria Italiana, das älteste italienische Lokal in München dennoch so lange halten konnte, seit bald 125 Jahren schon, dafür hat Egidio Sommavilla eine recht einfache Erklärung: „Die meisten Restaurants versprechen dem Gast viel zu viel – und dann ist er enttäuscht, wenn er nicht alles bekommt. Wir versprechen lieber ein bisschen weniger, aber das halten wir dann auch." *Stephan Handel*

 Angebot: 350 Weine – kein Bier, keine Softdrinks. Klassiker der italienischen Küche.

 Ambiente: Unverändert seit den 1950er Jahren – auf sympathische Art aus der Zeit gefallen.

 Publikum: Viele Stammgäste, Prominente der höheren Kategorie, die in Ruhe essen wollen.

Osteria Italiana, Schellingstraße 62: Die Trambahnlinie 27 hält an der Schellingstraße. Von hier aus sind es ein paar Schritte stadtauswärts zur Osteria.

Bussone, Thalkirchner Straße 126: U-Bahnstation Implerstraße, über die Kyrein- und Gotzingerstraße hinüber zur Großmarkthalle.

Neapolitanisches Lebensgefühl

**Vor der Pizzeria Bussone herrscht eine Stimmung
wie auf einer italienischen Piazza**

Warum ist es so schön, direkt neben der Großmarkthalle Cappuccino zu trinken? Mit Blick auf eine grüne Lagerhalle mit gezacktem Dach, auf ein breites Tor, durch das auch Brummis passen, auf eine Unterführung, die Richtung Schlachthof führt? Man sitzt ja praktisch auf einer Verkehrsinsel. Genau vor einer Einfahrt in das Obst- und Gemüsehandelszentrum, aus der jederzeit

Lokalgrößen

ein Transporter mit einer Ladung Limetten oder Avocados kommen kann. Und fühlt sich dabei tierisch wohl.

Warum? Weil Neapel hier so nah ist. Das Lebensgefühl aus dem Süden kommt mit den Ladungen voller Zitronen und Orangen, mit den italienischen Stammgästen, deren Stimmen hier immer durch die Luft wehen und die denselben Effekt haben wie der Föhn. Aber auch durch Felice Bussone, den Wirt der „Pizzeria Bar Pasticceria". Die Familie Bussone stammt aus Neapel, obwohl Felice bereits in München geboren ist. Sein Vater Carmine aber gründete in den sechziger Jahren einen Obst- und Gemüsehandel, der schnell florierte. Er belieferte große Konservenfabriken wie Develey, Hengstenberg und Kühne mit Gurken, die Pfanniwerke mit Kartoffeln, der Wohlstand war nicht aufzuhalten.

Der Idee, die Felice und sein Bruder hatten, die beiden zur Großmarkthalle gehörenden Lagerhallen mit den netten Türmchen zu mieten und umzubauen, konnte man also gelassen gegenüber stehen. Eine Pasticceria in einem der kleinen Türmchen, wo es Kaffee und Zuppetta napoletana, Cannoli und Bomboloni gab, das war der zarte Anfang. Heute ist „Felice Bussone" eine beliebte Adresse für alle, vom Arbeiter bis zum Yuppie.
Claudia Wessel

 Angebot: Italienische Bäckerei, traditionelle Pizza, Fisch, einfaches Frühstück. Abends gehobene Küche.

 Ambiente: Anregend chaotisch, bunt wie eine italienische Piazza an einem Sommerabend.

 Publikum: Italiener mit Heimweh, Münchner mit Fernweh, Großmarkthallen-Arbeiter, Künstler des Kontorhauses.

In war, wer
drin war

Das Park-Café, einst Promitempel
mit Gästen wir Prince oder Grace Jones,
steht heute allen offen

Es gibt sie noch immer: diese Tür aus dunklem Holz. Es ist ein Portal mit Geschichte. Davor, in der Sophienstraße, wartete einst jeden Freitag, jeden Samstag eine Traube aufgeregter Nachtschwärmer. Hinter der Tür tat sich das Elysium auf: das Park-Café, legendäre Szenedisko, schicker Promitempel – und ein Muss für jeden, der „in" war, damals, in den 1980ern und 1990ern. Doch direkt vor der Tür, auf einer schwarzen Kachel unter dem breiten Türsturz, stand Hansi Grandl. Ruhig maß er die Feierwütigen mit seinem Blick, und nicht selten sagte er schließlich: „Duad ma leid, aber: I kenn di ned." Charmanter, sagen viele, konnte keiner eine Abfuhr erteilen. Wenigstens das.

Das Park-Café am Alten Botanischen Garten hat eine bewegte Geschichte hinter sich. In den Jahren von 1935 bis 1937 wurde das neoklassizistische Gebäude ebenso wie der östlich gelegene kleine Kunstpavillon von Oswald Bieber gebaut, bereits am 22. August 1936 wurde es eröffnet. Bieber war einer jener Architekten, die München,

**Bekannte Gesichter: Schauspielerin Barbara
Sukowa und ihr Freund Robert Longo (li.), Peter
Schottenhamel und Vetter Christian (re.).**

die „Hauptstadt der Bewegung", nach den
Vorstellungen der Nationalsozialisten gestal-
teten. Schon damals trug die Lokalität den Namen „Park-Café", doch feierten damals wohl
vor allem die Offiziere der Nazis in dem wuch-
tigen Bau am Ende der heutigen Katharina-
von-Bora-Straße. „Der Portikus war damals
noch höher", erzählt Christian Lehner, der das
Park-Café heute betreibt. Er staunt noch heute, wenn er sich die Ausmaße von damals vor-
stellt: „Das muss wirklich dermaßen protzig
gewesen sein."

Nach dem Ende des Zweiten Weltkriegs zog
erneut ein Amüsierlokal in den imposanten
Klotz: In den 1950er Jahren traf man sich immer sonntags zum nachmittäglichen Tanztee.

Nur in einem offiziellen Rahmen wie diesem konnten junge Damen und Herren zarte Bande knüpfen, dementsprechend beliebt war das Park-Café mit seinem Holztanzboden im Freien bis in die 1970er Jahre hinein.

Und dann nahm das Park-Café Fahrt auf: „Hansi Grandl wollte eigentlich ein cooles Restaurant eröffnen", erzählt Christian Lehner. Doch dann war das Haus am Eröffnungsabend übervoll, die Party galt als eine der heißesten seit Jahren – und Grandl verzichtete spontan auf die Idee mit dem Restaurant. Er blieb bei den Partys. Fortan konkurrierten das Park-Café und das P1 in der Stadt um die Vorherrschaft im Nachtleben. Der Musiker Prince, damals „Symbol", gab ein Spontankonzert. Grace Jones ritt auf einem Pferd durch die Tür. An der Decke hingen Käfige, in denen Gogo-Girls und -Boys tanzten, und in der legendären „Roten Bar" aalten sich die VIPs.

Christian Lehner hat die Edeldisko in eine stimmungsvolle Gaststätte verwandelt.

Doch das Nachtleben in München veränderte sich, mit der Eröffnung des Kunstparks zogen die Partygänger vom Zentrum an die Peripherie. „Das war das Todesurteil für das Park-Café", sagt Lehner. Die Pächter wechselten immer schneller, das Programm wurde immer beliebiger. Bis die Brauerei genug hatte und einen

Der Reihe nach: Die schweren Holztische beherrschen das Bild des Lokals, und draußen gibt es auch einen Biergarten.

Gastronomen suchte, der ein neues Konzept umsetzte: In der Nachbarschaft zu zahlreichen Anwaltskanzleien und dem Luxushotel „The Charles" sollte es künftig etwas ruhiger zugehen.

„Ich bin kein Club-Gastronom", sagt denn auch Christian Lehner, der das Park-Café gemeinsam mit seiner Frau Katrin leitet. „Als die Anfrage kam, war das wie ein Traum." Die Lehners haben die einstige Edeldisko 2007 übernommen, neun Monate umgebaut und als Gaststätte und Kneipe wieder eröffnet. Die Promis kommen immer noch. Doch Liza Minnelli, Boris Becker, die Klitschkos oder Stevie Wonder feiern heute keine wilden Partys in der Roten Bar mehr, sondern nehmen

einen Kaffee oder Aperitif in einem der ge-
mütlichen Ledersessel. Im Hintergrund läuft
Jazz oder kubanische Musik, an den schweren
Teakholztischen im Restaurant essen die Gäste Schnitzel und Schweinebraten.

Die Lehners haben mit Vielem gebrochen,
wofür das alte Park-Café stand. „Es wird von
den Münchnern angenommen", sagt der Wirt.
270 000 Gäste kamen im vergangenen Jahr.
Sie alle sind durch die schwere braune Holztür
gegangen. Denn das ist wohl einer der größten Unterschiede zu den spektakulären Zeiten
früher: Die einst härteste Tür der Stadt, „die
steht jetzt immer für alle offen", sagt Christian
Lehner.   *Christina Warta*

 Angebot: Flammkuchen, Cordon bleu, Schweinebraten –
und bei Bedarf natürlich auch Champagner.

 Ambiente: Imposanter Kronleuchter, schwere Leder-
sofas, dunkle Holzmöbel, große Bar.

 Publikum: Mittags speisen Geschäftsleute, abends
stimmt man sich hier auf eine Partynacht ein.

Park-Café, Sophienstraße 7: Das Park-Café liegt am nördlichen Rand des Alten Botanischen Gartens – zu erreichen von der U-Bahnstation Karlsplatz/Stachus aus.

Jodlerwirt, Altenhofstraße 4: Vom Marienhof hinter dem Rathaus über die Dienerstraße in die Altenhofstraße.

Frotzeleien zum Bier

Der Jodlerwirt ist auch nach 50 Jahren noch ein Stimmungs-lokal, wie es sonst in der Altstadt keines mehr gibt

Im Rest der Republik gibt es das Bild vom Bayern als einem urigen Zeitgenossen, der stets für eine Gaudi gut ist. An diesem Ruf ist der Jodlerwirt nicht ganz unschuldig. Und das liegt an Gerd Fuchs. Der Alleinunterhalter weiß, was ankommt bei den Gästen. Seit mehr als 32 Jahren spielt er mit seiner Quetschn im Jodlerwirt auf, gibt den Parade-Bayern und erzählt Witze. Auf dass eine rechte Gaudi entstehe und der Getränkeumsatz stimme in dem kleinen Lokal mit seinen 50 Plätzen. Gerd Fuchs ist eine Pointenschleuder, ein Großmeister im Frotzeln. Gern geht es um die Tücken des Ehelebens: „Ihr führt eine Smog-Ehe, oder? Dicke Luft und kein Verkehr?" Dazwischen kommt etwa das „Kufsteiner Lied", zum Ausgleich dann „eine Bewegungsrunde: die Gläser hoch!"

Derlei gibt es (außer sonntags und montags) jede Nacht im Jodlerwirt in der Altenhofstraße 4, einem kleinen Gässchen direkt neben dem Feinkosthaus Dallmayr. Etwas schamhaft auf der rechten Seite versteckt – wie ein nicht ganz standesgemäßer Verwandter aus der großen Gastro-Familie – findet sich hier seit dem Mittelalter das Wirtshaus, in dem sich einst schon das Gesinde der nahen Hofburg verlustierte. Das Jodeln ist im Jodlerwirt übrigens gar nicht so wichtig. Entscheidend ist die Gaudi, die so sein soll wie auf der Wiesn. Blöd dahergeredet wird in der Münchner Gastronomie ja viel. Aber nirgendwo ist das so unterhaltsam wie hier. *Franz Kotteder*

 Angebot: Ab zehn Personen gibt es auf Vorbestellung ein ganzes gebratenes Spanferkel.

 Ambiente: Hat rustikalen Berghütten-Charme mit entsprechender Gaudi vom Alleinunterhalter.

 Publikum: Viele Touristen oft mittleren Alters, aber auch Einheimische, die Gäste auszuführen haben.

Das Prinzip Ruffini

Das von rund zwei Dutzend Gesellschaftern betriebene Lokal ist ein geglücktes Langzeit-Experiment

Das Ruffini ist das Ruffini ist das Ruffini. Als wäre die Zeit stehengeblieben. Das Ruffini ist eine Institution im Münchner Westen. Seit 1978 hat sich kaum etwas verändert. Noch immer stehen kleine Trauben von Menschen vor der Tür, auch an einem Donnerstagmorgen kurz vor 10 Uhr, auch in Zeiten, da die geniale Dachterrasse noch gar nicht geöffnet hat. Nur die Mode hat sich verändert: Männer in schwarzen Mänteln oder Outdoor-Jacken, Frauen mit schicken Filztaschen, passende lila Stiefel zur lila Lederjacke. Sie vertreiben sich die Zeit bis zur Öffnung, ratschen und schauen die Zettel am Laternenpfahl an: kreativer Tanz, spirituelle Erleuchtung, Babymassage.

Die Mischung macht's: dank frischem Brot, Kaffee und selbstgemachten Kuchen.

Und auch im Lokal selbst ist alles wie vor zwanzig, dreißig Jahren. Stilvoll, gediegen, unprätentiös. Nur an den Wänden wechseln die Bilder alle vier Wochen, und die Lampen an der Bar sind neu wie auch das Schild: „Im Lokal bitte keine Handys". Geblieben

ist die einzigartige Atmosphäre des Cafés mit seinem Steinboden und den Marmortischen. Das Publikum ist bunt gemischt. Ein junger Mann im schwarzen Rollkragenpullover, Haare an Kopf und Kinn etwa drei Millimeter lang, gießt gerade mit großem Schwung Tabascosauce über seine Rühreier. Einige Frauen mittleren Alters plaudern munter miteinander, ein paar Einzelgänger lesen Zeitung, lösen Kreuzworträtsel oder bearbeiten Papiere. Sie alle schätzen die berühmten Kuchen aus der eigenen Backstube, für die manche weit fahren, und den netten Service, die italienisch angehauchte Küche, vieles aus Bio-Waren gekocht, das außergewöhnlich große Weinangebot – Eigenimporte aus Italien – und das Gefühl, hier unbehelligt zu bleiben, Ruhe zu haben, etwa vor nerviger Barmusik.

„Wir haben unsere Stammgäste, die mit uns alt werden", erzählt Helmut Maier, der Mann, der die Öffentlichkeitsarbeit macht. Selbständige, Kreative, Architekten, Menschen mit Muße. Sie kennen natürlich auch das Ruffini-Prinzip, wissen im Gegensatz zu vielen jüngeren Gästen, dass sie hier in einem „cheffreien Betrieb" sitzen.

Das Ruffini wird von 26 Gesellschaftern im Alter von 29 bis 65 betrieben, „und jeder der Gesellschafter arbeitet hier". Viele sind Seiteneinsteiger, die in ihrem früheren Leben nichts mit Gastronomie zu tun hatten. Maier selbst ist so ein Beispiel. Der 52-Jährige hat seine Beamtenlaufbahn aufgegeben, um zunächst Kirchenmaler zu werden und dann, 1990, im Ruffini zu arbeiten. 5000 Euro zahlt ein Gesellschafter als Einlage, dafür darf er mitbestimmen, was im Lokal passiert. Die Ruffinis haben mittlerweile Routine. „Früher haben wir über jeden Punkt und jedes Komma abgestimmt", sagt Maier. Inzwischen bereiten die einzelnen Ressorts alles vor, jeder hat seine festen Aufgaben. Maier etwa betreut außer dem Weinhandel auch noch die Lesungen, die regelmäßig im Ruffini stattfinden. Und alle drei Monate wird auf der Gesellschafterversammlung entschieden. „Wir streben nicht die maximale Profitorientierung an und achten auf unsere soziale Verantwortung", auch gegenüber den Angestellten, die das Ruffini beschäftigt. Mittlerweile sind die älteren Gesellschafter in der Überzahl, „viele junge Leute finden es nicht so interessant". Oder sie gehen, weil es sie reizt, etwas Eigenes aufzubauen. Wie die „Loretta-Bar" in der Müllerstraße oder das „VolkArt" gleich um die Ecke, um nur zwei der Beispiele zu nennen.

Das Ruffini-Prinzip ist aufgegangen. Der Laden brummt, auch nach mehr als drei Jahrzehnten. Die Gruppe ist eingespielt aufeinander. „Selbst bei Hochbetrieb flutscht es." Und wie. An einem Sonntagmorgen, wenn alle gleichzeitig ihr Frühstück haben wollen, das sie sich selbst zusammenstellen, sind die Servicekräfte wieselflink unterwegs. Trotzdem nimmt sich die Mitarbeiterin aus der Küche mit der lila Wollmütze noch die Zeit, mit einem jungen Mädchen zu plaudern. Sie weiß, dass sie jetzt ihr Abitur macht und ist neugierig, wie es ihr damit geht. Mutter und Tochter sind den Mitarbeitern offenbar bestens bekannt. Sie bekommen umgehend ihren Kaffee, den Bergtee und die Croissants auf den Tisch gestellt.

An der Bar ist mittlerweile kein Platz mehr frei. Da sitzen Prominente neben Familien und einem Mann im Cord-Sakko, der, als sei er hier am ruhigsten Ort der Welt, nach dem Frühstück ein Buch über Rudolf Steiner liest. Im Café haben sich Familien mit Kleinkindern niedergelassen. Ein Hightech-Kinderwagen, der ausschaut, als hätte er mindestens fünf PS, steht mit einer Kette abgeschlossen im Lokal unter dem Handyverbotsschild. Alles eine große Familie, umsorgt vom Ruffini-Team. Das auch das Handyverbot sehr ernst nimmt. Kaum versucht ein Gast, unterm Tisch heimlich zu sim-

Entspannte Atmosphäre: Helmut Maier vom Ruffini (li.) und Tagesgäste.

sen, als schon ein Kellner heranstürmt. „Darf ich Ihnen ein wenig Platz schaffen", fragt er mit leicht grollendem Unterton. Er stellt die Teller zusammen und nimmt leere mit, zuvor allerdings fügt er belehrend und eher rhetorisch an: „Was kann es Wichtigeres geben als das Frühstück?" Beschämt packt der Gast sein Handy wieder weg und schaut sich stattdessen die Leute an. Das Ruffini ist das Ruffini.

Gudrun Passarge

 Angebot: Selbstgemachte Kuchen und 99 Weine, die auch im Feinkostgeschäft verkauft werden.

 Ambiente: Kaffeehausatmosphäre, die manche als zweites Wohnzimmer empfinden.

 Publikum: Reicht vom Lehrer bis zum Kreativen, von Familien bis zu mitgealterten Stammgästen.

Ruffini, Orffstraße 22-24: Das Ruffini erreicht man vom Rotkreuzplatz aus (U1/2) über die Ysenburg- und dann Frundsbergstraße.

Kyklos, Wilderich-Lang-Straße 10: Vom Rotkreuzplatz nach Süden
über die Donnersbergerstraße, rechts in die Wilderich-Lang-Straße
einbiegen.

Ein Teil von Thassos

**Der Schauspieler Janis Kyriakidis eröffnete 1972 die erste
griechische Taverne Münchens – die einstige Kellerkneipe
Kyklos ist heute ein gemütliches Restaurant**

Nach rund vierzig Jahren ist das Kyklos eine feste Grö-
ße unter den Griechen in München – und eine Taverne
im besten Sinne: Eine steile Treppe führt hinunter in die
Gaststube, deren dicke Mauern die meisten Handynetze
abschirmen und die Gäste, die an regen Abenden an den
langen Holztischen und -bänken zusammenrücken

müssen, somit zwangsläufig in einen Gemütlichkeitsmodus versetzen. An kalten Tagen knistert ein Feuer im verglasten Kamin.

Die Brüder Dimitri und Vassili Feloukis haben die Taverne 1982 übernommen und den gestiegenen Bedürfnissen des Publikums angepasst. Auf der Tageskarte steht gegrillter Fisch, der stets frisch geliefert wird. Den Salat dazu kann der Gast nach Belieben mit Olivenöl von der Insel Thassos verfeinern, wo die Familie Feloukis seit Generationen einen Olivenhain besitzt. Koch Stavros Melissas hat sich zudem auf klassische Schmorgerichte mit Lamm- oder Kalbfleisch spezialisiert, die man selbst in Griechenland nur noch selten auf Speisenkarten findet.

Von seiner schönsten Seite zeigt sich das Kyklos in den warmen Monaten, wenn Vassili Feloukis seinen Garten herrichtet: Dort sitzt man unter Weinranken zwischen Feigen- und Olivenbäumchen. „Mit viel Herz und Liebe", sagt Feloukis, habe er dort aus einer Brachfläche ein Stück seiner griechischen Heimat gemacht.

Konstantin Kaip

 Angebot: Fisch vom Grill. Schmorgerichte und raffinierte Vorspeisen; wer mag: Unertl-Weißbier.

 Ambiente: Kellertaverne mit offenem Kamin, mediterraner Garten mit Oliven- und Feigenbäumen.

 Publikum: Stammgäste aus der Nachbarschaft und Laufkundschaft aus der ganzen Stadt.

Der ideale Ort für geistreichen Müßiggang

Seit fast anderthalb Jahrhunderten in Familienbesitz – der Schelling-Salon

Als irgendwann die Nachricht kursierte, der Schelling-Salon werde renoviert, klang das wie eine Drohung. Die werden doch nicht dieses ehrwürdige, ein wenig verstaubte Lokal, diese wunderbare Gaststube mit ihren Billardtischen und den alten Bildern an den Wänden in einen coolen Szeneclub verwandeln, wo man drei Goldblondinen dabei haben muss, um bedient zu werden. Man hatte schon flammende Nachrufe im Kopf, aber als der Salon dann wieder aufmachte, waren sie alle vergessen. Wie eh und je stehen die Billardtische in Reih und Glied, die Foto-Collagen aus den Porträts lustig zechender Stammgäste haben die Sanierung ebenso überstanden wie die Gemälde – und Evelin Mehr, die Wirtin, ist auch noch da. Entwarnung.

Aber eines hat sich doch geändert: Da prangt eine sieben Meter breite Malerei an der Wand,

Ein Bild von einer Kneipe: der Schellingsalon in Natura und gemalt.

Ein Prosit auf den Wirt: Silvester Mehr (mit Schürze) gründete die Gaststätte im Jahr 1872.

Spielkarten sind zu sehen, ein Billard-Queue, Schachfiguren, Hopfen, Wein und das Familienwappen der Mehrs – mithin so ziemlich alles, was die Stammgäste in den Schelling-Salon lockt. Eine Neuerung? I wo! Nicht hier. Das Wandgemälde war aufgetaucht, als die Arbeiter die Tapete entfernten. Evelin Mehr sagt, der Maler Otto Ditscher hat es in den 1920er Jahren geschaffen – womöglich um seine Zeche zu begleichen. Die Malerei war nur etwas verblasst, weshalb sie einer der künstlerisch begabten Gäste wieder aufgefrischt hat.

Der Urgroßvater der Wirtin, Silvester Mehr, hatte 1872 die Gartenwirtschaft Schellinghof an der Ecke Schelling-/Barerstraße gekauft. Das Geschäft florierte, denn nicht weit von der Gastwirtschaft lag der alte Nördliche Friedhof, der viele Trauergäste zum Leichenschmaus ins Haus brachte. Auch die 1877 ein-

geführte Pferdebahn kutschierte Gäste vom
Stachus zur Endstation Schellinghof. Zur Jahrhundertwende konnte es sich Silvester Mehr
leisten, anstelle des kleinen Wirtshauses ein
mehrstöckiges Prachtgebäude samt Eckturm
zu errichten, das ein elegantes Kaffeehaus im
„Wiener Stil" mit Billard-, Schach- und Spiel-
tischen barg. Dieses Wienerische, der Charme
des geistreichen Müßiggangs, ist dem Salon
bis heute geblieben: Schon morgens um zehn
spielt ein einsamer Desperado Poolbillard, ergraute Kaffeehausphilosophen studieren die
Zeitung, und gelegentlich wartet ein Schach-
spieler, ob sich ein Gegner findet. Würden Ro-
mane noch im Café geschrieben, wäre der
Schelling-Salon erste Wahl.

Der russische Revolutionär Wladimir Il-
jitsch Uljanow, der sich den Namen Lenin zu-
legte, quartierte sich im September 1900 in der

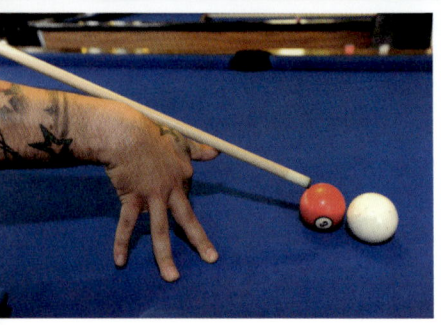

**Billard gehört dazu:
Die Tische sind abends
fast immer besetzt.**

Kaiserstraße ein. Meyer nannte er sich, und
dieser Herr Meyer, so heißt es, ließ es sich gerne im Schelling-Salon gutgehen. Vielleicht ist
ihm dort sein Landsmann Kandinsky begeg-
net, der ebenfalls im Salon verkehrte. Ringelnatz war hier, Bert Brecht, Franz Marc, Henrik
Ibsen, Rilke, Wedekind und so weiter. Zur
Mehr'schen Familiensaga gehört auch ein gewisser Adolf Hitler. Als der sich noch als ver-

krachter Polit-Agitator in München herum-trieb, kehrte er häufig im Schelling-Salon ein. Hitler ließ anschreiben, bis Engelbert Mehr, der Sohn des Gründers, die Nase voll hatte von dem zahlungsunwilligen Gast. Dieser zog samt seinen Mitkämpfern in die nahe gele-gene „Osteria Bavaria". Wirtsgattin Elisabeth Mehr haderte mit ihren Mann, denn aus dem Hitler, das ahnte sie, würde noch was werden. Als der Krieg verloren war, betrachtete sie ih-ren Gatten als rehabilitiert: War doch gut, dass er Hitler brüskiert hatte.

Schräg gegenüber befand sich früher die Metzgerei Strauß. Der Sohn des Metzgers, der spätere Ministerpräsident Franz Josef Strauß, kam oft hinüber ins Bierstüberl, um eine Drei-quartelmaß für den Vater zu holen. Neben dem Eingang des mittlerweile geschlossenen Stü-berls hat Evelins Vater, Silvester Mehr, der vor einigen Jahren starb, zwei Sonderseiten zum Tode Franz Josef Strauß' aus der Bildzeitung aufgehängt: „Vergelts Gott, Franz Josef" steht da in dicken Lettern. *Wolfgang Görl*

 Angebot: Schinkennudeln, Wiener Beuscherl, Schweins-braten; Augustiner Bier.

 Ambiente: Historisches Interieur, wunderbar überladen, halb Spielsalon, halb Gastwirtschaft.

 Publikum: Studenten und ewige Studenten, Spieler aller Art, Künstler mit und ohne Werk, Stammtische.

Schelling-Salon, Schellingstraße 54: Die Tram der Linie 27 hält direkt vor der Tür.

Tresznjewski, Theresienstraße 72: An der Ecke zur Schellingstraße sind direkt die Haltestellen der Trambahnlinie 27.

Schicker Schichtbetrieb

Im Tresznjewski treffen sich Studenten und Geschäftsleute, Künstler und Wissenschaftler

Vielleicht ist das der eine, perfekte Moment, in dem Vorstellung, Beschreibung und Realität zusammenfließen: An der Freischankfläche Ecke Barer-/Theresienstraße sitzt die Latte-Macchiato-Fraktion und nuckelt an lauwarmer Milch. Drinnen sitzen fünf ältere Damen vor Kuchentellern und zelebrieren etwas, das man früher „Kaffeekränzchen" nannte. Die Sonnenbrillen-

Typen am Tresen bringt ein Sprizz auf Touren, und hinten im Eck giggeln zwei Studentinnen. Mark Strickmann schaut sich um und sagt: „Du musst allen Leuten etwas bieten. Wenn du nur auf eine Szene setzt, dann ist die irgendwann mal weg, und dann stehst du da."

Seit 2008 ist Mark Strickmann Wirt in der Brasserie Tresznjewski und ist stolz auf gleich mehrere Gruppen von Stammkundschaften: Morgens kommen die Frühstücker, mittags Business-Luncher und Studenten, auch Künstler, Wissenschaftler und Galeristen aus dem Pinakothekenviertel. Nachmittags gibt's Kaffee und Kuchen, abends schließlich wird die Musik ein bisschen lauter und das Licht ein bisschen leiser.

Eine Brasserie ist in Frankreich eine einfache Bierkneipe mit günstiger, aber guter Küche. Das Tresznjewski als einfach zu bezeichnen, trifft die Sache nicht ganz: Da ist schon Eleganz zu sehen, ein bisschen Art Deco, Toulouse-Lautrec-Plakate an den Wänden, die Wand des Tresens leuchtet gülden. Was die Speisekarte betrifft, so stimmt die Parallele zu Frankreich: Auch wegen der vielen Studenten unter den Gästen sind die Preise moderat. Nur Schwarzbrot mit Aufstrich wie im gleichnamigen Etablissement in Wien gibt es hier nicht.

Stephan Handel

 Angebot: Kuchen, günstige Speisen, die Halbe Ayinger Hell für unter 4 Euro.

 Ambiente: Französisch gemischt mit Jugendstil, Art deco und Krimskrams.

 Publikum: Je nach Tageszeit – von gemütlich-verratscht bis zu einigermaßen schick.

ROTWEINE

		0,1 li	0,2
2007	BLAUER ZWEIGELT, Q.W., LETH, DONAULAND		
2005	MERLOT AUS ÖKOL. ANBAU, PETIT MALHERBE, FRANKREICH	2,10	3,80
2003	TEMPRANILLO RESERVA, D.O., LOS LLANOS, VALDEPEÑAS, SPANIEN	2,50	4,60
2004	BORDEAUX AUS ÖKOL. ANBAU, CHATEAU PEYBONHOMME, COTES DU BLAYE	2,60	4,80
2006	MORELLINO DI SCANSANO, D.O.C., POGGIO NIBBIALE, TOSCANA	2,90	5,40
2006	BLAUBURGER, LW, STAUBER, WEINVIERTEL	3,-	5,60
2005	DUAS QUINTAS, D.O.C., RAMOS PINTO, DOURO, PORTUGAL	2,70 3,20	5,- 6,-

Große Kaffeehaus-Gefühle

Im Stadtcafé lassen sich ganze Nachmittage und Abende verbummeln –
mit Gesprächen über den Lauf der Welt

Das Schöne am Kaffeehaus: Man ist nicht
zu Hause, aber man ist auch nicht an der
frischen Luft. Das sagt der Wiener, und der
muss es ja schließlich wissen. Nun mangelt
es dem Münchner für gewöhnlich an – ja,
woran denn? An Gemütlichkeit, Sitzfleisch,
Herzensruhe, um seine Tage kaffeetrinkend
und zeitungslesend zu verplempern? Wenn
es aber einen Ort in München gibt, der dem
speziellen Wiener Kaffeehaus-Gefühl na-
hekommt, dann liegt dieser Ort am Jakobsplatz.

Man gehe also ins Stadtcafé, setze sich
an den Tresen (das ist vielleicht nicht ty-
pisch Kaffeehaus, aber so viel Zugeständnis
soll sein), lasse sich vom Bar-Menschen Paul
ein Augustiner hinstellen, greife zu einer der
reichlich vorhandenen Tageszeitungen –
wenn Damen zu beeindrucken sind: Le soir ,
sonst: den Falter – schnaufe den Geruch von
Küchendunst und Intellektualität ein und
lasse alle Hektik fahren. So lassen sich ganze Nachmittage verbummeln, aber weil das
Kaffeehaus im wienerischen Sinn ja kein

Wiener Gefühl: Das Stadtcafé ist eine Lebenseinstellung. Hier kann man den ganzen Tag verbringen.

Ort ist, sondern eine Lebenseinstellung, würde dieses Wort hier niemand verwenden: verbummeln. Denn ist es nicht eine große, ernst zu nehmende Tätigkeit, das Wissen der Welt aus mehr als 20 Presseerzeugnissen in sich

aufzunehmen, dabei zu trinken und zu reden, wenn gerade jemand vorbeikommt, oder mit dem Kartenverkäufer des Filmmuseums über seine Doktorarbeit zu plaudern, an der er seit vielen Jahren schreibt; Fach: Philosophie, Thema: die Langeweile. Dann schaut vielleicht Friedrich Ani rein oder Herbert Achternbusch, und auch Helmut Dietl und Benjamin von Stuckradt-Barre haben sich an einem der Tische vermutlich über ein Filmprojekt gebuckelt.

Völlig falsch wäre es jedoch zu glauben, das Stadtcafé sei eine jener Lokalitäten, die in schlecht redigierten Zeitungen als „Szene-Treff" bezeichnet werden. Promi-Bohrer trifft man hier nicht, und Thekenluder auch nicht, Jahrhundert-Playmates kommen so gut wie gar nicht vor und Event-Manager nur inkognito. Und wenn ein solcher versuchen würde, auf seine Wichtigkeit zu bestehen – die Servicekräfte sind mit Bedacht 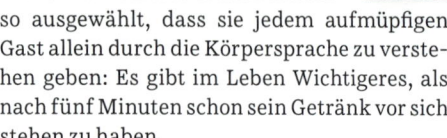 so ausgewählt, dass sie jedem aufmüpfigen Gast allein durch die Körpersprache zu verstehen geben: Es gibt im Leben Wichtigeres, als nach fünf Minuten schon sein Getränk vor sich stehen zu haben.

Seit gut 20 Jahren gibt es das Stadtcafé in seiner jetzigen Ausgestaltung unter dem Chef Wolfgang Köck und seinem Stellvertreter Thomas Hausmann, den alle nur „Tulpe" nennen, obwohl er so gar nichts Blümchenhaftes an sich hat. Mit Fug lässt sich behaupten, dass das Stadtcafé Kreise gezogen hat: Das Dukatz ist in einer kaum zu erklärenden Überkreuzverstrickung Teil der GmbH, die das Café betreibt, daneben haben zahllose ehemalige Angestellte ihre eigenen Projekte zum Erfolg geführt, nachdem sie am Jakobsplatz das gastrono-

Gute Nachbarschaft: Vom Café aus blickt man direkt auf die Synagoge mit ihrer herausragenden Architektur.

mische Handwerk erlernt hatten: Das Café am Hochhaus, der Zappeforster, das Zimmes & Zores, die Kostbar, die Pizzeria Grano und andere – alles betrieben von Stadtcafé-Eleven.

Der Wirt Wolfgang Köck hat seinen Tisch gegenüber dem Tresen, ausgewiesen durch ein Schild „Reserwirt". Der wichtigste Platz aber ist an der Bar, und zwar an dem Ende, an das sich das Kuchenbüfett anschließt: Das ist die Südkurve, an der sich jahrelang praktisch jeden Abend eine nicht genauer definierte Mischung aus Journalisten, Künstlern, Stadtpolitikern und -bediensteten – vornehmlich aus dem Kulturreferat – traf, um den Lauf der Welt

Markenzeichen: Hier gibt es jede Menge Zeitungen zu lesen – und dazu allerlei Kuchen.

zu besprechen, was zur wahrscheinlich höchsten Kalauerdichte in ganz München führte. Die Südkurve ist etwas verwaist, seit *Abendzeitung* und *Süddeutsche* nicht mehr an der Sendlinger Straße residieren und viele der Reporter auf dem Nachhauseweg notgedrungen am Stadtcafé vorbeikamen, beziehungsweise eben nicht vorbeikamen. Man kann davon ausgehen, dass so manche Lokalglosse nur geschrieben worden ist, weil sich der Glossist einen Gag gemerkt hat, der am Abend zuvor die Südkurve begeisterte.

Und im Sommer wird dann auch der Innenhof wieder bewirtet, der mit dem Attribut „romantisch" völlig zutreffend beschrieben ist, in der kalten Jahreszeit jedoch nur den Rauchern als trauriges Reservat dient. Dann wird im Abendlicht diskutiert, geblödelt, getrunken, gestritten. Man ist dabei zwar an der frischen Luft. Aber wenigstens nicht zu Hause.

Stephan Handel

 Angebot: Täglich wechselnde Speisekarte, Kuchen aus der Patisserie Dukatz.

 Ambiente: Glas, Metall und Polstermöbel. Und, wie es sich gehört im Kaffeehaus: keine Musik.

 Publikum: Journalisten, Künstler, Cineasten, mittags auch Glockenbach-Mütter.

Stadtcafé, St.-Jakobs-Platz 1: Vom Marienplatz (U-Bahnstation) aus ist das Café am schnellsten über den Oberanger erreichbar.

Café Mozart, Pettenkoferstraße 2: Das Café liegt fast direkt am Sendlinger-Tor-Platz (U-Bahnstation), wo auch viele Trambahnen an- und abfahren.

Der Reiz des Retro

Die Betreiber des Café Mozart experimentieren erfolgreich mit einer Melange aus Oma-Charme und modernem Ambiente

Natürlich ist dieses Lokal in der Pettenkoferstraße kein echtes „Oma-Café" - auch wenn ihre Betreiber es so nennen. Es ist nicht einmal ein echtes Café. Welches Café hat schon bis ein Uhr, am Wochenende bis drei Uhr auf, vom Frühstück über das Mittagsgeschäft bis zur Cocktailzeit? Aber das Mozart spielt geschickt mit den

Gemütlichkeits-Motiven dieser Gastronomietradition. Im Jahr 2002 zog hier der Zeitgeist ein. Die neuen Betreiber übernahmen die angestaubte ehemalige Konditorei, die seit Mitte der sechziger Jahre bestanden hatte. Tapete und Polster blieben drin, den Rest des Interieurs modernisierten sie behutsam. Das Konzept hingegen änderten sie umfassend. Kaffeekränzchen sind zwar weiter gern gesehen – es gibt Runden, die seit 30 Jahren herkommen. Aber mit großer Speise- und Getränkekarte sowie abendlicher DJ-Beschallung wurde das Mozart zum „Café-Bar-Restaurant". Es war Münchens erstes Lokal mit diesem Retro-Konzept, und es wurde gleich gut angenommen. Der berühmte Komponist allerdings ist hier nur Namensgeber und Designelement, etwa mit den vier großen verschwommen ausgeleuchteten Scherenschnittprofilen an der Wand.

Einen Allround-Anspruch haben die Wirte auch mit der Speisekarte: „Von Hausmannskost bis international", sagen die Betreiber. Von allem ein bisschen, könnte man auch sagen. Vom Aufschwung des Nachtlebens in der nahen Sonnenstraße bekommt man im Café Mozart aber wenig mit, vielleicht liegt es dafür zu versteckt.

Sebastian Krass

 Angebot: Vom Riesenschnitzel bis zu schwarzen Spaghetti mit Riesengarnelen. Zu trinken: alles.

 Ambiente: Hier bekommt Oma keinen Schreck und der Besuch aus der Retro-Metropole Berlin fühlt sich wohl.

 Publikum: Senioren, Büromenschen, Nachtschwärmer – je nach Tageszeit.

Münchner Operette

Cool ist hier nur der Chef: Im Schumann's werden die Gäste schon mal sentimental

Es ist ein Uhr nachts an einem Freitag im Schumann's. Die vier Herren am Tisch in der Ecke sind gut dabei. Jetzt ist Whisky an der Reihe, irgend ein teures, 20 Jahre altes Zeug aus Schottland. Wonach das goldene Öl denn schmecke, das der Barkeeper mit den riesigen Koteletten da gerade eingeschenkt habe, lallt einer und probiert. Lakritze? Zartbitterschokolade? „Ach", sagt der Mann in der weißen Schürze, ohne den Fragenden anzusehen, „wenn du dich anstrengst, schmeckt der sogar nach nasser Barbourjacke." Die vier lachen, drei davon laut.

Meister seines Fachs: Charles Schumann in seiner Bar am Odeonsplatz.

Vielleicht liegt es am Ruf, dass man sich hier auch mal vorführen lässt. Daran, dass diese Bar schon so oft und in so grellen Farben beschrieben wurde. Vom Schumann's gibt es: Barbücher, Bargläser, ein Whisky-Lexikon und eine CD mit Barmusik. Sogar ein Bartablett, mit dem man dann zu Hause weltmännisch die Drinks servieren kann.

Charles Schumann, der Chef mit dem langen Silberhaar und der Boxernase, hat in gefühlten hundert Interviews die immer gleichen Fragen beantwortet. Was für Gäste er mag (die, die trinken, aber nicht saufen und dabei vernünftig angezogen sind), was ordentliche Drinks sind (keine Obstsalate), warum bei ihm, fast, nur Männer arbeiten (das harte Business) und so weiter. Er und seine schummrige Bar am Odeonsplatz tragen schwer an ihrem Namen. So schwer, dass man als Neuling fast nicht mehr hin will. Was aber ein Fehler wäre.

Sicher, es gibt Gründe, weg zu bleiben. Wer eine authentische, reine Trinkstätte sucht, ist

Das Schumann's ist einfach eine sehr gute Bar. Die Drinks sind bezahlbar und kommen schnell und auf den Punkt zubereitet.

hier falsch. Das Schumann's ist etwas anderes. Als „Mischung aus Bar und Kantine" bezeichnet der Chef seinen Laden. Die Küche, sagt er, sei heute genauso wichtig wie die Theke. Das liegt zum einen daran, dass das Essen passabel ist, vor allem das Roastbeef oder das Tatar, das es nur donnerstags gibt. Zum anderen gibt es einfach kaum noch echte Trinker.

Wer abschalten will, um ein Mädchen zu vergessen oder seinen Chef, ist im Schumann's auch falsch. Dafür ist die Stimmung zu par-

fümiert. Einfach nur in Ruhe etwas trinken, kann hier schwierig sein. Wenn man Pech hat, hält
ein zu kurz geratener und zu stark
gegelter ehemaliger Fußballpro-
fi neben einem an und baggert so
lange erfolglos an einer doppelt
so großen Blondine herum, dass
man nur noch den Wunsch ver-
spürt, ihn mit Gläsern zu bewer-
fen. Für die stillen Abende gibt es
andere Läden. Die Goldene Bar im
Haus der Kunst, zum Beispiel, gegründet von einem ehemaligen
Schumann's-Mitarbeiter. Die ist so hübsch und
gleichzeitig fast immer so seltsam leer, dass
man schon von zwei Getränken ganz melan-
cholisch wird.

Das Schumann's ist richtig, wenn man gute Laune hat, wenn die kleinen Fußballer, die
lauten Schauspieler und die
vielen operierten Frauen zusammen eine Operette auf-
führen, die zwar irgendwie
grotesk ist, aber nur so lange man selbst nüchtern ist.
Sobald man diesen Zustand
überwunden hat, kann
man viel Spaß haben. Nicht
nur wegen der Gäste. Das
Schumann's ist vor allem
und einfach: eine sehr gute
Bar. Die Drinks sind bezahl-

Getrennte Gesellschaft: Vorne sitzen die Jungen, hinten eher die Veteranen.

bar und kommen schnell und auf den Punkt zubereitet, auch Mischungen mit rohen Eiern und andere Sonderwünsche.

Charles Schumann, der immer noch jeden Tag in seiner Bar sitzt und aufpasst, hat außerdem dafür gesorgt, dass sein Laden nicht unter dem Staub der eigenen Legenden erstickt.

Es gibt zwei Generationen von Gästen, und beide kommen miteinander aus – durch eine feine, aber effektive Trennung. Im hinteren Teil des Ladens, wo der Barmann mit den dicken Koteletten das Sagen hat, sitzen eher die Veteranen; Gäste, die schon im alten Schumann's in der Maximilianstraße dabei waren und ihm bis heute gerne und ungebeten nachjammern. Im vorderen Teil, wo das Gedrängel groß ist, sitzen und servieren die Jungen. Wer die Geschichten vom alten Schumann's, das so krass und wild war, nicht mehr hören kann, wird sich hier eher wohl fühlen, bei den Nicht-Stammgästen, den aufgedonnerten Vorstadtmädchen, den Messebesuchern mit den dicken Sportuhren und all den Anderen, die Lust auf Remmidemmi haben und es noch aufregend finden, in dieser Bar zu sitzen. Außerdem wird hier früher und mehr geküsst als hinten.

Der Mann, der am längsten dabei war und dabei am wenigsten sentimental ist, zumindest nach außen, ist der Chef selbst. Charles Schumann ist über 70, was man nicht glauben mag, wenn man ihn sieht. Das Gesicht, das man aus der Werbung kennt, hat gelebt, und zwar richtig, aber der Körper wirkt immer noch erstaunlich drahtig, was wohl auch damit zu tun hat, dass Schumann bis heute zwei Mal die Woche zum Training ins Boxwerk geht. Und wenn das mal nicht mehr geht: das Boxen und die Arbeit? Schumann grinst nur schief, was so oder so gemeint sein kann. Er kann ja schlecht einen Mitarbeiter herauspicken, dem er die Leitung zutraut. Das gäbe Zank.

Charles Schumann hat auch einen erwachsenen Sohn, der in Wien Philosophie studiert. Der habe schon ein paar Mal in den Ferien in der Bar gearbeitet, sagt der Vater. Von irgendwelchen dynastischen Hoffnungen will er aber nichts wissen. „Für das hier brauchst du Disziplin", sagt er und blickt sich in seiner Bar um, die an diesem Morgen im März noch leer

„Für das hier brauchst du Disziplin", sagt Charles Schumann.

ist. „Du musst jeden Tag da sein, sonst läuft es nicht. Das kann auch nerven. Ich hätte schon längst zugemacht, wenn mir einer was Passendes angeboten hätte. Eine Hotelbar in Spanien, zum Beispiel. Ich liebe Spanien." Bisher, sagt der Barchef, habe ihm aber keiner eine echte Alternative bieten können.

Darauf eine nasse Barbourjacke.

Marc Felix Serrao

 Angebot: Die Karte ist klein, aber fein. Und die Bratkartoffeln sind ein Muss.

 Ambiente: Edel und einfach, durch die holzvertäfelte Wand, die lange Bar, den hohen Raum.

 Publikum: Der Stammgast, der Tourist, der Neugierige.

Schumann's, Odeonsplatz 6-7: Von der U-Bahnstation Odeonsplatz (U3, 4, 5, 6) sind es nur ein paar Schritte die Ludwigstraße hinunter.

Tambosi, Odeonsplatz 18: Ebenfalls direkt an der U-Bahnstation. Auf der Rückseite liegt der Hofgarten.

Ganz Große Oper

Das Tambosi am Hofgarten ist Münchens ältestes durchgehend betriebenes Kaffeehaus – seit 1775 trifft man sich hier zum Sehen und Gesehenwerden

Karl Gottlieb Hering, komponierte in der ersten Hälfte des 19. Jahrhunderts das Lied „C-A-F-F-E-E, trink nicht so viel Caffee". Zu dieser Zeit galt der exotische „Türkentrank" hierzulande als Getränk der höheren Schichten. Bereits einige Jahrzehnte zuvor, im Jahr 1775, eröffnete der Italiener Giovanni Pietro Sardi am Münchner Hof-

Lokalgrößen

garten einen kleinen Laden, in dem er Kaffee ausschenken durfte. 1810 pachtete der gelernte Schokolateur Luigi Tambosi aus Trient das Geschäft. 1822 wurde das Haus abgerissen und nach Plänen von Leo von Klenze durch ein klassizistisches Bazargebäude ersetzt. Das prächtige, dreigeschossige Tambosi besaß einen Tanzsaal, ein Theater und sogar ein Kartenspielzimmer. Damals trafen sich in dem Kaffeehaus Künstler, Adelige und das Militär.

Ab 1970, nach wechselnden Besitzern und Namen, fiel das Lokal viele Jahre in einen Dornröschenschlaf, bis es 1997 von Frank und Andrea Waldecker wieder wachküsst wurde. Heute sitzt man bei gutem Wetter draußen unter den goldenen Tambosi-Lettern und lässt sich einen Ristretto, einen Sprizz, einen Teller Tagespasta oder ein Tramezzino schmecken – und schaut, was so alles über den Odeonsplatz flaniert.

Beliebt ist auch die Tambosi-Oper. Waldecker erfindet jährlich eine neue, humorige Geschichte, die von Liebe und Leidenschaft handelt und von Gesangsstudenten vorgetragen wird. Das C-A-F-F-E-E-Lied wird dabei freilich nicht geschmettert, sondern Ohrwürmer berühmter Opern. *Annette Wild*

 Angebot: Frühstück, Mittagstisch, Snacks und Abendmenüs sind italienisch inspiriert.

 Ambiente: Plüschig-italienisch mit Antiquitäten und restaurierten, alten Wandmalereien.

 Publikum: Snobs, Sonnenanbeter, Geschäftsleute, Opernfans, Boule-Spieler, Verliebte, Flaneure.

Ali und der American Way of Life

Im Oklahoma sind sie alle zu Hause: die Vorstadtcowboys und die Isarindianer

Die Schwabinger 7 hat's endgültig gezeigt: Denkmalschutz gilt für Gebäude, nicht aber für ihren Inhalt. Und auch Artenschutz bezieht sich auf Flora und Fauna, aber nicht auf Menschen und schon gar nicht auf Wirte. Dabei gäbe es schon den einen oder anderen, der sein Lokal zur Münchner Institution erhoben hat und sich besonders wacker gegen jede Form der Gentrifizierung und Egalisierung schlägt – wie Ali-Friedrich Suchy mit seinem Oklahoma in der Schäftlarnstraße.

Wer hier durch die Eingangstüre geht, lässt sich auf eine Zeitreise ein, die in der Prärie endet, irgendwo in den Vereinigten Staaten der Vergangenheit, in einem Saloon, in dem ausnahmsweise Cowboys und Indianer Zutritt haben. Vor einem der Fenster hängt, wie könnte es anders sein, die Flagge Oklahomas, die das zeigt, was dieser Bundesstaat Amerikas ursprünglich einmal sein sollte: „das Land des roten Mannes", so die Übersetzung des Choctaw-Wortes Oklahoma. Gleichwohl – hier, in der Schäftlarnstraße, sind sie alle zu Hause: die Vor-

Live-Musik, ob Country, Bluegrass, Zydeco oder Rockabilly, ist seit jeher fester Bestandteil des Oklahoma.

stadtcowboys ebenso wie die Isarindianer. Manchen ist es sogar anzusehen, als was sie sich empfinden. Es kommt immer wieder vor, dass man hier auf Menschen trifft mit Hut, Lederhosen, Cowboystiefeln und Sporen. Wieder andere tragen Indianerschmuck. Sie passen hierher, schließlich finden sich auch an den Wänden alte Revolver, Holster, Pistolen, Kriegsbeile, Speere, Fetische, Kopfschmuck, alte Autokennzeichen und überall Hinweise auf die legendäre Route 66, die heute jeder Amerikafan gefahren sein muss und dabei so gern vergisst, dass auf ihr einst Zigtausende vor anhaltender Dürre in die westlichen Bundesstaaten flohen. Und es gibt Momente im Leben von Ali Suchy, in denen auch er am liebsten alles hinschmeißen würde. Weil die Gema wieder einmal zu viele Gebühren fordert, weil ihm die Raucher vor der Tür wieder Ärger mit den Anwohnern einbrachten oder er sich über die Leute ärgert, die bei ihm Live-Musik hören, aber nichts dafür zahlen wollen: „Dabei verdiene ich daran gar nichts, der Eintritt ist die Gage für die Bands."

Da spielt zum Beispiel „Baton Rouge" – eine Bluegrass Band, bestehend aus fünf Musikern, die allesamt im wirklichen Leben ganz andere Dinge tun: Geigerin Lucy zum Beispiel repariert am liebsten Autos. Doch wenn die Fünf die vielleicht gerade mal sechs Quadratmeter große Bühne betreten und zu spielen beginnen, meint so manch' einer, echte Berufsmusiker zu hören. Und so dauert es auch meist nicht lange, bis Ali die kleine Eisenbahn anschalten muss, die über den Köpfen der Gäste von der Bar in Richtung Bühne fährt: eine Runde Limes für die Band – samt Musikwunsch.

Früher, so erzählt der Ali, habe niemand hier Limes getrunken, sondern Whisky oder

andere harte Spirituosen. Doch diese Zeiten sind wegen der 0,5 Promille-Grenze und den wachsenden Anforderungen im Berufsleben vorbei. Für Ali bedeutet das zehn Prozent weniger Umsatz, mindestens. Aber Ali wäre nicht Ali, würde ihn das ernsthaft entmutigen. Denn er hat selbst sein Herz an die Musik verloren. Mit seiner Country-Band „Westworld Company" hatte er fast 30 Jahre lang immer im Oklahoma gespielt.

1979 war das Lokal samt Bühne von Herbert Mayer gegründet worden, einem Versicherungsagenten und USA-Fan, zwei Jahre später übernahm es sein einstiger Partner Gerold Lutz. Viele Gäste in dieser Zeit kamen aus der McGraw-Kaserne, selbst in Sachen Musi-

Selbst ist der Wirt: Ali Suchy greift gern zur Gitarre und heizt mit Countrysongs dem Publikum ein.

ker und Bands bestand ein reger Austausch. Bis Ende der 1990er Jahre ist das Oklahoma stets rappelvoll. Das Internet, die Golfkriege, Guantanamo, Irak, Afghanistan und dann noch die Finanzkrise ließen den Traum vom American Way of Life schwinden und auch das Interesse an Countrymusik kleiner werden. Dann stirbt Lutz, und Rattlesnake-Besitzer Bruno Theil springt ein, dem beide Lokale aber bald zu viel werden. Das Oklahoma steht vor dem Aus. Eine Vorstellung, die Ali nicht ertragen kann. Also steigt er aus seinem eigentlichen Beruf, IT-Datenkommunikationsspezialist, aus und übernimmt das Oklahoma. Seither schenkt er Bier aus, serviert Snacks und kocht Kaffee, hegt die Internetseite (www.oklahoma-saloon.com) und vieles mehr. Und mittlerweile scheint es fast, als ob Countrymusik, Bluegrass, Zydeco oder Rockabilly wieder mehr Zuspruch erleben würden. Und das ist sicherlich auch dem Ali zu verdanken, der weiter gekämpft hat. Ganz so, wie es sich für einen Helden der Isarprärie gehört. *Astrid Becker*

 Angebot: Legendär ist Alis Holzfällerbrot, samt Live-Auftritten von Größeren des Genres.

 Ambiente: Trotz der vielen Accessoires aus dem Wildwestklischee nicht kitschig, sondern kultig.

 Publikum: Cowboys und Indianer der Großstadt, meist 30 Jahre alt und darüber.

Oklahoma, Schäftlarnstraße 156: Nur drei Minuten von der U-Bahn-station entfernt. Mit der U3 bis zur Haltestelle Thalkirchen, Ausgang Zennerstraße.

Substanz, Ruppertstraße 28: U-Bahnstation Poccistraße, die Lind-wurmstraße stadtauswärts, dann links in die Ruppertstraße.

Da ging der Punk ab

Das Image vom Hardcore-Club haftet dem Substanz auch nach zwei Jahrzehnten an – dabei hat sich die Kneipe gegenüber dem KVR längst gewandelt

Schon vor ihrer Eröffnung machte die von außen un-scheinbare Kneipe Schlagzeilen. „Illegale Punkknei-pe gegenüber dem KVR eröffnet" lautete eine. Wie ein Lauffeuer sprach sich im März 1991 herum, dass in der Stadt ein lauter cooler Laden aufgemacht hat. Jürgen Franke und Frank Bergmeyer hatten es sich zur Aufgabe gemacht, Leben in die öde Live-Club-Szene zu bringen. Und kaum war das Substanz geboren, war es auch schon brechend voll hier drin.

In der Erinnerung war der schlauchförmige Laden ein düsterer Schuppen mit viel zu vielen Gästen darin. Die Luft stand, und wer auf die meist defekte Toilette musste, schälte sich durch eine bierflaschenbewehrte Menschentraube. Doch das ist schon lange her. Klar, einigen Anwohnern wurden die rauschenden Partys irgendwann zu laut, seit Mitte der 1990er darf Franke nur noch bis 22 Uhr Konzerte veranstalten. Und auch die Szene tat ein Übriges: Der Kunstpark zog Partyvolk ab.

Das „Subs" musste sein Gesicht verändern. Franke setzt seit langem auf Tischfußball und organisiert Turniere. Und wem das zu prollig ist, für den gibt's auch Kultur: 1994 gab es den angeblich ersten Poetry-Slam in der Stadt, auch Filme wurden hier gedreht, etwa der München-Krimi „Kommissar Süden". Den Sinneswandel merkt man dem Substanz natürlich an. Heute sitzt auch schon mal ein Mädchen mit Perlenkettchen und Rock an der Cocktailbar. Nur manchmal stapft ein Typ mit Nasenring und bemalter Lederjacke mit schwerem Gang aus dem Substanz. Gott sei Dank: Punk's not dead.

Thomas Anlauf

 Angebot: Bier gibt's längst nicht nur aus der Flasche, die Cocktails sind auch preislich o. k.

 Ambiente: Vorne hell, hinten dunkel. Die Einrichtung wechselt, nur der Wirt bleibt derselbe.

 Publikum: Einst Punker, Rocker und Alternative – heute kompatibel für fast jeden Münchner.

Junger Wilder: Thomas Gottschalk 1978 als DJ im alten Crash.

Die Großmutter aller Discos

Das Crash ist ein liebenswerter Rockschuppen – und es findet auch nach mehr als 40 Jahren noch viel Anklang

Konstantin ist jetzt 24 Jahre alt und hat, wie soll man sagen, ein etwas ungewöhnliches Hobby. Seit er volljährig ist, steckt er vorzugsweise freitags und samstags seine aufblasbare E-Gitarre ein und geht ins Crash in die Ainmillerstraße 10. Dort ist er der König der Luftgitarre, spielt sie auf den Knien, stehend, im Liegen – ganz wie die richtigen Gitarrenhelden auf den Monitoren und der großen Videoeinwand über und hinter ihm. Und sein Ehrgeiz geht ersichtlich dahin, seine Finger auf dem Plastikgriffbrett ziemlich genau in der richtigen Position zu haben, also dort, wo sie auch auf einer richtigen E-Gitarre sein müssten, um die entsprechenden Töne zu erzeugen.

Konstantin ist im Crash schon eine Ausnahme, er selbst nennt sich „das Gitarrenmaskottchen" der Discothek. Normale Luftgitarristen, also solche ganz ohne Instrumenten-Imitat, gibt es hingegen mehrere, schließlich ist das Crash seit mehr als vier Jahrzehnten dafür bekannt, dem klassischen Gitarrenrock zu frönen. Überhaupt, musikalisch gesehen sind Oldies hier Trumpf. Vor Mitternacht sind zwar hauptsächlich sehr junge Menschen hier, viele noch nicht volljährig. Aber das macht nichts. DJ Gnadenlos, so nennen wir ihn jetzt einfach mal, kennt da nichts, er macht keine Zugeständnisse an den Zeitgeist: Eiskalt legt er einen Oldie nach dem anderen auf, erst „La Bamba" von Ricky Martin, dann Nenas „99 Luftballons", später „Jump" von Van Halen und immer so weiter, die Nacht hindurch. Es scheint seine pädagogische Sendung zu sein, den jungen Hupfern Musik von früher nahezubringen, denn später, nach Mitternacht, gibt es dann meistens jene Art von Hardrock, bei der lange Angebersoli von Gitarristen vorkommen.

Es ist nämlich so, dass das Publikum hier recht zwiegespalten ist. Wenn man boshaft wäre, könnte man sagen: Vor Mitternacht trägt man eher Pickel, nach Mitternacht sind Falten angesagt. Die Jungen schätzen es, dass die Getränke im Crash günstig sind. Trotzdem ist das hier kein Ort zum Komasaufen, da passen der Günter, der Rainer und die Karin schon auf. Die drei repräsentieren ja gewissermaßen die Elterngeneration, sie betreiben den Laden zusammen und haben auch Nachnamen, die sie allerdings selten brauchen, weil man sie hier ja seit Jahrzehnten kennt. Karin Schmunkamp sitzt meist an der Kasse und nimmt pro Nase sieben Euro. Rainer Tauber steht an der Bar und bedient, Günter Haslinger ebenfalls. Und manchmal legt Günter auch auf, als „DJ

Jahrzehntelang dabei: Karin Schmunkamp 2011 beim Eintritt kassieren.

Hasso". So hat es bei ihm auch angefangen im Crash, als Aushilfsdiscjockey, 1976.

Alle drei kennen sich noch „vom alten Crash". Das war in der Lindwurmstraße, unter einer Eisenbahnbrücke an der Poccistraße. Dort wurde das Crash Anfang Dezember 1968 als „Beat-Lokal" eröffnet, damals schon mit

Keine Zugeständnisse an den Zeitgeist: Seit mehr als vierzig Jahren gibt es klassischen Gitarrenrock im Crash.

dem Konterfei von Jim Morrison von den Doors als Wahrzeichen. Vogelwilde Zeiten müssen das gewesen sein. Die Fotos aus jenen Tagen zeigen Menschen mit absonderlichen Frisuren, die so aussehen, als wäre ihnen etwas ziemlich Ekliges auf den Kopf gefallen. Sie tragen lustige Bärte und rallyestreifenbreite Koteletten auf den Backen, und wenn sie weiblich sind, haben sie oft Dauerwelle und manchmal auch einen freien Oberkörper. Im Crash gab es damals ja auch fidele Wettbewerbe. Zum Beispiel am 24. September 1969 ein sogenanntes „Oben-ohne-Sauerkraut-Wettessen", bei

dem man die Finger nicht benutzen durfte. Die Überlieferung besagt, dass eine barbusige Blondine namens Ingrid Schmid zwei Pfund Sauerkraut verputzt habe und damit den Sieg errang. Was aus ihr später noch geworden ist, weiß niemand mehr.

Man kann aus diesem Detail schon herauslesen, dass das Crash in jenen frühen Jahren so etwas wie die Blaupause für alle späteren Dorfdiscos in 100 Kilometer Umkreis gewesen ist. Es gab ja nicht viele Alternativen, damals. Und so kamen natürlich alle irgendwann ins Crash. Auch Eric Clapton, Uriah Heep und Led Zeppelin, oder Amon Düül und Udo Lindenberg. Thomas Gottschalk legte in seinen frühen Jahren Platten auf, das war so prägend, dass er noch heute an seinem damaligen Musikgeschmack festhält.

1993 musste das Crash raus aus den Räumen unter der Eisenbahnbrücke, man fand Gottseidank schnell Ersatz in der Ainmillerstraße. Die alte Einrichtung nahm man mit, und deshalb sieht das Crash auch heute noch ein bisschen so aus wie eine Promenadenmischung aus Westernstadt, Oktoberfestfahrgeschäft und Retro-Wohnzimmer.

Aber: Das Crash ist eben auch sehr familiär, weshalb auch heute noch, nach Mitternacht, viele hier einlaufen, die den Laden noch aus der Lindwurmstraße kennen. Gut, die wilden Zeiten sind vorbei. Aber man er-

Vorbild für manche Dorfdisco: Seit zwei Jahrzehnten ist das Crash in der Ainmillerstraße.

innert sich hier zu später Stunde doch immer noch gerne an sie und muss sie eigentlich auch gar nicht mehr haben. Da ist das Crash dann eben so eine Art Solitär. Auf andere Weise, aber ähnlich wie am frühen Abend, wenn die Jungen da sind. Da ist es dann sicher der einzige Schwabinger Laden, in dem die Menschen hinter dem Tresen mindestens doppelt so alt sind wie die davor.

„Ja mei", lacht der Günter, „da sind halt einige dabei, die haben auch schon im alten Crash bedient." Und wie's so aussieht, werden sie das auch noch länger machen, das hat so Tradition hier: Die frühere Garderobiere Anni Büttner, die von Anfang an dabei gewesen war, hat zum Beispiel erst 1999 im Alter von 91 Jahren den Dienst quittiert.   *Franz Kotteder*

 Angebot: Donnerstag ist „Ladies Night", freier Eintritt und ein Gratisgetränk für Frauen, bis 22 Uhr.

 Ambiente: Nichts für Schnösel. Das Crash ist die Heimat für bodenständige Rockmusik.

 Publikum: Vor Mitternacht ist die Jugend da, danach kommen die, die gerne Oldies hören.

Crash, Ainmillerstraße 10: Das Crash liegt zwischen den U-Bahn-stationen Giselastraße und Münchner Freiheit. Die Ainmillerstraße zweigt direkt von der Leopoldstraße ab.

Roy, Herzog-Wilhelm-Straße 30: U-Bahnstation Sendlinger Tor, Richtung Innenstadt, nach dem Tor rechts in die Herzog-Wilhelm-Straße.

In der Kuschelecke der Stars

Schrill, schräg, schön: Das Roy war früher ein „zweites Wohn-zimmer" für Stars wie Tina Turner, Chris de Burgh oder Peter Ustinov – heute ist es das letzte Plüschlokal Münchens

Auf den Fotos an den Wänden sind Udo Jürgens, Peter Ustinov sowie Siegfried & Roy zu erkennen. An ein paar Tischen wird Champagner getrunken, an der Maha-goni-Bar sind Bier und Cocktails beliebter und auf der kleinen Bühne tanzen mehrere Damen um die fünfzig ekstatisch zu „Dancing Queen".

Die letzten Abba-Takte ebben ab, dann greift ein dunkelhaariger Mann hinterm DJ-Pult zum Mikrofon. „Mit 66 Jahren, da fängt das Leben an", singt Günther Grauer, der jetzige Inhaber. In den 1990er Jahren gehörte „der singende Wirt vom Starnberger See" zu den Protagonisten des Neuen Deutschen Schlagers. „Gemeinsam mit Petra Perle bin ich damals hier aufgetreten. So entstand der Kontakt zum Roy", berichtet Grauer.

Mit Roy meint Grauer jenen Mann, der die Bar zum „zweiten Wohnzimmer der Stars" machte. Luciano Pavarotti, Claudia Schiffer, Andrew Lloyd Webber – sie alle kamen zu Roy Dubowy, der 1978 das Café seiner Mutter Helene übernahm. Über dem Roy hatte damals die Plattenfirma Ariola ihren Sitz und dank Monti Lüftner kamen die ersten Promis zu Dubowy.

Für seine Gäste tat er alles: Mit Ustinov fuhr er in Urlaub und Chris de Burgh, der seine Frau im Roy kennenlernte, machte Dubowy zum Taufpaten seiner Tochter Rosanna. Zwar ist die Zeit der großen Stars vorbei, doch das Roy ist wieder bekannt im Münchner Nachtleben. Los geht es oft mit Kabarettisten oder Entertainern, dazu wird ein Menü angeboten. Und gegen Mitternacht geht mit Songs wie „I will survive" die Party richtig los.

Matthias Kolb

 Angebot: Die Gulaschsuppe gibt es bis vier Uhr früh. 50 verschiedene Champagnersorten.

 Ambiente: Plüschig-gemütlich. Die Fotos der Stars an den Wänden erinnern an legendäre Zeiten.

 Publikum: Bunt gemischt – egal ob 25 oder um die 60: Die Gäste wollen feiern, tanzen, flirten.

Klosterbräu und Tafernwirt
Historische Gasthäuser rund um München
192 Seiten
€ 9,90 (D) / € 10,20 (A)
ISBN 978-3-86497-082-5

Einkehren und genießen

Die besten Ausflugstipps für Südbayern

176 Seiten

€ 9,90 (D) / € 10,20 (A)

ISBN 978-3-86615-956-3

Abenteuer daheim

18 spannende Ausflugsziele für die
ganze Familie in München und Umgebung
192 Seiten
€ 9,90 (D) / € 10,20 (A)
ISBN 978-3-86615-976-1

Stolze Festungen und verwunschene Ruinen
Ausflüge zu Burgen in München und der Region
192 Seiten
€ 9,90 (D) / € 10,20 (A)
ISBN 978-3-86615-685-2

Wilde Schluchten und Wasserfälle
16 leichte Wanderungen
zu beeindruckenden Naturschauplätzen
176 Seiten
€ 9,90 (D) / € 10,20 (A)
ISBN 978-3-86615-771-2